알 정말 아두면

돈 되는

신 혼부부

금 융꿀팁 57

알아두면 ^{정말} 돈 되는 신혼부부 금융꿀팁 57

초판 1쇄 발행 | 2018년 7월 9일
초판 2쇄 발행 | 2018년 9월 5일

지은이 | 권 호 (머니스트)
펴낸이 | 박영욱
펴낸곳 | 북오션

편 집 | 허현자 · 하진수
마케팅 | 최석진
디자인 | 서정희 · 민영선
삽 화 | 허한우

주 소 | 서울시 마포구 월드컵로 14길 62
이메일 | bookocean@naver.com
네이버포스트 | m.post.naver.com ('북오션' 검색)
전 화 | 편집문의: 02-325-9172   영업문의: 02-322-6709
팩 스 | 02-3143-3964

출판신고번호 | 제313-2007-000197호

ISBN 978-89-6799-381-8 (03320)

이 도서의 국립중앙도서관 출판예정도서목록(CIP)은 서지정보유통지원시스템
홈페이지(http://seoji.nl.go.kr)와 국가자료공동목록시스템
(http://www.nl.go.kr/kolisnet)에서 이용하실 수 있습니다.
(CIP제어번호: CIP2018018360)

알아두면 정말 되는 신혼부부 금융꿀팁 57

권 호머니스트 지음

북오션

머리말

　결혼과 돈. 이 둘의 관계는 미묘하다. 결혼하기 위해 돈을 모으기도 하고 돈 때문에 '사랑과 전쟁'을 찍은 사연들은 흔해빠진 이야기가 됐다. 결혼은 현실이다. 달콤한 연애로 시작해 결혼준비부터 신혼집 마련까지 돈 문제가 계속 따라다닌다. 한 번 해본 사람이라면, 알 것이다. 결혼준비에서 돈이 아깝지 않았던 건 신혼여행뿐이라는 걸.

　《알아두면 정말 돈 되는 신혼부부 금융꿀팁 57》은 머니스트가 금융기자로 활동하면서 해마다 바뀌는 정부정책과 실생활에 필요한 재테크 지식을 브런치에 올리면서 시작됐다. 하루에도 수천 명의 사람이 머니스트의 콘텐츠를 보러오는 걸 보면서 느꼈다. 사람들이 필요로 하는 것은 이해하기 어려운 금융 지식이 아니라 실생활에 살아있는 '팁'들이라는 걸 말이다. 그렇게 1년 이상 올린 글을 모아서 출판사에 보냈고 이 책이 만들어졌다. 이 책의 장점은 이해할 필요가 없다는 점이다. 그저 알기만 하면 된다.

　사실 고백하자면, 여기 실린 금융 지식은 신혼부부뿐만 아니라 대학생부터 직장인까지 모두가 알아야 할 필수 정보들이다. 돈을 잘 모으기 위해서는 금융 지식이 필요하다. 어렵지 않고 알기만 하면 바로 써먹을 수 있는 그런 생활 밀착형 지식 말이다.

　우리는 너무나 많은 재테크 지식과 정보에 노출돼 있다. 하지만 정말 필요한 건 '써먹을 수 있는 지식'이다. 아무리 좋은 내용이라도 우리의 실생활에서 써먹지 못한다면 죽은 지식이다. 우리가 반드시 알아야 하는 건 모르면 나만 손해를 보는 금융정책들이다. 이 책을 읽다 보면 많은 시간을 들이지 않고 내게 필요한 금융정책과 재테크 정보를 '쏙쏙' 뽑아먹을 수 있다.

　여러분들이 이 책을 통해 지금보다 풍요로운 삶을 사시길 기원한다.

차례

머리말

Chapter 6

황금알을 키우는
야무진 재태크 꿀팁 10

Chapter 1

신혼부부가 첫 번째로
챙겨야 할 실속 꿀팁 9

*****

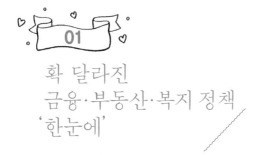

확 달라진
금융·부동산·복지 정책
'한눈에'

새해가 되면 한 해의 목표를 세우기 위해 다이어리를 사는 사람들이 많다. 지난해나 연초에 이미 목표를 세웠더라도 결혼을 앞둔 사람들은 반드시 확인해 둬야 할 것들이 있다. 바로 이전 정부와는 다르게 변화된 정책들이다. 올해 금융 정책도 많이 달라졌다. 그렇다면 어떤 혜택이 늘어났을까? 신혼부부가 알면 도움이 될 만한 금융·부동산·복지 정책 등을 한자리에 정리해 본다. 다시 한 번 꼼꼼히 확인해 보자.

① 신혼부부를 위한 정책

먼저, 신혼부부에게는 주거 마련을 돕는 여러 정책이 있다. 2018년 4월 25일부터 이전 주택담보대출보다 금리 등이 개선된 신혼부부 전용 주택구매 대출상품이 출시됐다. 먼저 신혼부부·다자녀 보금자리론의 기준이 바뀌었다. 보금자리론은 무주택자 등 서민들이 소형주택을 구입할 때만 받을 수 있는 대출이다. 이전에는 소득요건이 일괄적으로 7000만 원이었는데, 맞벌이 신혼부부의 경우 8500만 원으로 상향됐다. 맞벌이 부부도 상대적으로 대출을 더 쉽게 받을 수 있게 된 셈이다. 만일 자녀가 3명 이상일 경우 부부소득 1억 원까지 이 대출을 이용할 수 있다. 더불어 생애 최초로 주택을 구입하는 부부 중 합산 연 소득이 7000만 원 이하인 신혼부부에게 기존 0.2%의 우대금리에 더해 금리를 최대 0.35%p까지 추가 인하한다.

또한, 신혼부부 전용 전세대출 상품도 있다. 지금까지는 버팀목전세를 이용하는 신혼부부를 대상으로 수도권 1억4000만 원, 수도권 외 1억 원 한도 내에서 임대보증금의 70%까지 지원했지만, 앞으로는 신혼부부 전용으로 전세대출을 받는 경우 대출비율이 70%에서 80%로 확대된다. 대출한도 역시 수도권은 1억4000만 원에서 1억7000만 원으로 상향되며, 기존 우대금리(0.7%p)에 더해 최대 0.4%p까지 추가 인하된다. 쉽게 말해 1.1%까지 이자율을 낮춰준다는 것! 올해 집을 마련하려고 했다면 정말 기쁜 소식이다.

② 사회초년생에 대한 정책

다음은 결혼하기 전의 청년을 위한 정책을 알아보자. 먼저 '청년 버팀목전세' 제도가 개선됐다. 이전에는 만 25세 이상의 제한이 있었지만 앞으로는 만 19~25세 미만의 단독세대주도 버팀목전세대출을 지원받을 수 있게 됐다. 단, 청년 1인이 거주하는 임차주택으로서 보증금 3000만 원 및 임차 전용면적 60m² 이하의 주택만 2000만 원 이내로 대출을 지원한다. 또한 매달 나가는 월세도 지원받는다. 올해부터 청년을 대상으로 월세 자금을 지원하는 '주거안정 월세대출의 대출한도 및 상환 제도'가 개선됐다. 월 대출한도를 30만 원에서 40만 원으로 확대하고 2년 단위의 대출 연장 시 상환해야 하는 원금 비율을 25%에서 10%로 대폭 하향 조정됐다. 대출받을 수 있는 금액은 늘고 상환부담은 줄게 된 것이다.

③ 2018년 달라진 보험 정책

2018년부터 보험 관련 법 개정으로 소비자 보호 기능이 강화됐다. 또한, 실손의료보험 제도가 대폭 바뀐다. 우선 타인의 사망보험 체결 시 피보험자의 전자서명이 허용된다. 오는 11월 1일부터 상법 개정에 따라 단체보험 계약에서도 피보험자의 동의 방식에 전자서명도 포함될 방침이다.

또 뺑소니 사고의 부담금도 신설된다. 기존에는 음주나 무

면허 운전 외에 보험사가 사고부담금을 뺑소니 운전자에게 손해배상금으로 청구하기가 어려웠다. 올해 5월 29일부터는 뺑소니 운전 부담금이 신설돼 대인·대물 동시 손해 사고의 경우에는 최대 400만 원까지 보험사가 뺑소니 운전자에게 손해배상을 청구(구상권 행사)할 수 있게 됐다.

금융소비자 보호 기능도 확대된다. 개별 보험사로부터 가입 거절당한 고위험자들이 종합보험에 들 수 있게 하는 자동차보험 공동인수 대상이 확대된다. 기존에는 자동차보험 공동인수 대상이 대인·대물배상책임 담보에 머물러 영업용 오토바이 등 교통사고 위험이 높은 운전자들은 종합보험 가입이 어려웠다. 이번 대상 확대로 올해부터는 고위험 운전자도 운전자 본인의 피해를 보상해주는 자손·자차 담보 등도 가입이 가능해진다. 다만 음주 무면허, 보복운전 등 고위험 계약자, 공동인수 계약 중 사고 다발자 등은 인수가 제한되었다.

또 실손의료보험도 대폭 손질된다. 2018년 4월 1일부터는 실손의료보험에 여타 보험 상품을 끼워 팔 수 없다. 따라서 보험사는 단독형 실손의료보험만 판매해야 한다. 2분기 중에는 혈압·당뇨 등 만성질환이 있는 유병력자 대상 실손의료보험도 나온다. 과거 치료기록이 있거나 만성질환이 있어도 실손의료보험 가입을 가능케 해 보장공백을 해소했다.

④ 일할수록 쌓이는 보너스 '근로장려금'

열심히 일하지만, 소득이 적어 생활이 어려운 가구에 장려금을 지원해 근로 의욕을 높이고 경제적 자립을 돕는 지원정책이다. 이 근로장려금의 최고 산정액을 홀벌이 185만 원에서 200만 원, 맞벌이 230만 원에서 250만 원으로 인상했다. 아울러 70세 이상 부모를 부양하는 단독가구를 홀벌이 가구로 인정하며 신청자격 중 장애인 단독가구의 연령 제한을 없애는 등 지급 요건을 확대해 더 많은 이들에게 지원할 방침이다.

또한, 법정 최고금리가 올해 2월 8일부터 '사인 간 일반 금전거래 및 대부업자·여신금융기관'의 법정 최고금리 등이 모두 연 24%로 낮아진다. 기존에는 일반 사인 간 금전거래는 25%, 대부업자·여신금융기관은 27.9%이었다. 앞으로 법정 최고금리가 인하된 만큼 국민의 금융 부담을 덜게 될 것으로 보인다.

⑤ 그 밖에 도움 되는 정책

전통시장 사용분에 대한 공제율이 인상되고 도서·공연비 지출분 공제가 신설됐다. 전통시장과 대중교통에 대한 신용카드 소득공제율이 30%에서 40%로 높아지고 총급여가 7000만 원 이하인 근로자에게 도서·공연비 30% 공제율이 적용된다.

또 지금까지는 국내 면세점에서 신용카드로 600달러 이상 물품을 구매한 경우에만 세관에 통보됐으나, 올해부터는 해외에서 600달러 이상 신용카드로 물품을 구매하거나 현금을 인출한 경우에도 세관에 바로 통보된다. 정부가 과세자료를 원활히 확보해 세금탈루를 막으려는 조치다.

과세 형평성과 소득 재분배를 위해 3억 원 초과, 5억 원 이하의 종합소득과세 표준구간을 신설하고 해당 구간의 소득세율을 40%로 인상하며 5억 원을 초과할 때 적용되는 소득세율은 42%로 인상된다.

또한 앞으로 비정규직의 정규직 전환 기업에 대한 세제지원이 확대된다. 2018년 12월 31일까지 비정규직 근로자를 정규직으로 전환한 중소기업은 1000만 원, 중견기업은 700만 원의 세액공제를 지원받게 된다. 마지막으로 2018년부터 중증 질환자 또는 희귀난치성 질환자가 지출한 의료비에 대해서는 한도 없이 의료비 세액공제를 적용해 의료 부담을 덜게 됐다.

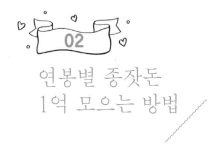

02
연봉별 종잣돈
1억 모으는 방법

재테크의 시작과 끝은 종잣돈 만들기이다. 종잣돈 1억을 만들기 위해서 저축한다면 기간은 얼마나 걸리고 매달 저축을 해야 하는 최소단위는 어떻게 될까? 먼저 1억 원을 모으려면 얼마를 저축해야 할까? 1년 만에 1억을 모으려고 한다면 월 830만 원가량의 금액을 저축하면 된다. 9960만 원의 돈이 모이고 이자까지 붙어 1억 원 이상을 저축할 수 있다.

2년 만에 1억 원을 모으려면 월 410만 원 가량의 금액을 저축하면 된다. 그러면 이자가 약 250만 원 가량 붙어서 1억 원을 마련할 수 있다. 계산은 간단하다. 문제는 한 달에 저축할 수 있는 금액이 얼마인가. 이를 위해서 필요한 정보는 두 가지다. 얼마나 벌고, 얼마나 쓰냐이다. 아무것도 하지 않고 미친 듯이 1억 모으기에만 전력을 다한다고 가정하면 월급에서 최소생활비만 제외하고 남는 금액 전부를 저축해야 한다. 그래서 오늘은 그렇게 최소한의 생활비만 남겨놓고 저축을 한다는 가정으로 연봉별 1억 모으기를 알아보자.

① 2018년 최저 생계비는 얼마일까?

다이어트 할 때 가장 빠른 방법은 먹는 양을 줄이는 것이다. 운동은 시간과 노력이 많이 드는 데 반해, 효과가 작기 때문이다. 목돈을 마련할 때도 가장 쉬운 방법은 쓰는 돈을 줄이는 것이다. 돈을 더 버는 것은 어려운 일이기 때문이다. 만일 최저생계비만큼 생활비를 쓴다고 가정해보자. 최저생계비는 대한민국 국민이 건강하며 문화적인 생활을 유지하는 데 필요한 최소한의 금액을 말한다. 우리가 삶을 살기 위해 반드시 지출해야 한다고 추측되는 비용인 셈이다. 계산하는 방법은 쉽다.

보건복지부는 해마다 국민 소득을 발표한다. 이 가운데 중위소득의 60%가 최저생계비가 된다. 최저생계비는 1인 가구 100만 원, 2인 가구 170만 원, 3인 가구 220만 원, 4인 가구 268만 원, 5인 가구 321만 원으로 발표했다.

물론 가구마다 비용이나 생활수준 등이 다를 수 있지만 위에 말한 바와 같이 지금의 산출계산은 극단적으로 돈을 모으려는 목적으로 최대한 노력을 기울여 매달 생계비만으로 산다고 가정해보자. 그렇다면 1인 가구의 생계비는 월 100만 원, 한 해의 경우 1200만 원이라고 계산할 수 있다.

② 연봉별로 1억 원 모으는 기간과 방법

이제 연봉별로 1억 원의 종잣돈을 모으는 방법을 알아보자. 계산의 편의를 위해 1인 가구를 기준으로 계산해보자.

| 연봉 1500만 원 부근

연봉 1500만 원이라면 최저임금조차도 받지 못하고 있을 가능성이 높다. 일 년 생계비 1200만 원을 제외하면 300만 원이 남는다. 간단히 생각하면 33년간 생계비만으로 산다면 1억 원 가량을 모을 수 있는 수준이다. 하지만 집세와 생활비를 쓰고 나면 실제 저축할 돈이 별로 없을 것이다. 연봉이 천만 원대라면 저축금액을 늘리는 것보다 더 시급한 건 정부 지원 정책을 잘 챙기는 것이다. 실제로 이들을 위한 금융상품이 존재한다. 하지만 그 사실을 몰라 이용하지 못하는 사람이 많다. 보통 사람은 내가 어떤 상품에 해당하는 조건인지, 어떤 상품이 있는지 일일이 찾아보긴 어렵기 때문이다. 아래에 서민을 위한 적금 상품과 통장을 한 번에 정리했다.

미소드림 적금

미소드림 적금은 미소금융대출 성실상환자 또는 채무조정 성실 상환자 등 차상위계층 이하가 대상이며, 대상자가 월 최대 10만 원까지 일정 금액을 저축하면 적금 만기 때 이자를 2배로 지원하는 적금상품이다.

저소득층 우대 적금

저소득층 우대 적금은 사회적 배려가 필요한 저소득층을 위한 금리우대 상품으로서, 기초생활수급자, 소년소녀 가장, 만 65세 이상의 차상위계층 등을 대상으로 하고 있다. 매달 1000원에서 50만 원까지 저축이 가능하며, 연 3.0%~6.2% 수준의 금리를 제공한다.

희망 · 내일 키움통장

희망·내일 키움통장은 일하는 수급가구와 비수급 근로빈곤층의 자활을 위해 목돈 마련을 돕는 제도이다. 희망키움통장의 경우 읍·면·동 주민센터에서 취급하고 있으며, 내일키움통장의 경우에는 시·군·구 지역 자활센터기관에서 취급하고 있다. 월 최대 10만 원 저축이 가능하며 추가적립도 가능한 상품이다.

만족스럽지 않을 것이다. 써야 할 곳은 많은데 마음 가는 대로 쓰다 보면 다음날 '텅장(텅빈통장)'이 되기 일쑤다. 이 구간에서 돈을 모으려고 한다면 마음을 독하게 먹자. 쉽게 생각해서 1년에 천만 원을 모으려고 한다면 한 달에 적어도 80만 원은 저축해야 한다. 월급이 나오면 생계비 1200만 원을 뺀 돈을 다른 통장에 넣자. 그리고 잊자. 그 돈은 본디 내 것이 아니었다고 생각하고 미래의 나에게 양보하자. 만일 신용카드가 있다면 잘라버리는 걸 추천한다. 꼭 필요하다면 통신료와 교통카드로만 사용하자. 주위에서 짠돌이라고 소문이 날 수도 있다. 하지만 여기에도 장점은 있다. 가족, 친구, 동료들이 나에게 돈을 빌려달라고 하지 않는다. 있다고 해도 안 빌려줘도 크게 실망하지 않을 것이 자명하다.

이 방법은 굉장히 유효한 전략이지만, 주의할 점이 있다. 조급한 마음에 주식, 부동산, 비트코인 등에 '묻지 마' 투자를 해선 절대 안 된다. 천만 원을 모으기 전까지는 자중할 필요가 있다. 그렇다면 '어디에 투자하느냐?'고 물을 수 있겠다. 이들을 위한 투자처가 있다.

올해부터 정부가 청년 주거 지원을 위해 '청년우대형 청약통장'을 도입한다. 주거 문제로 고민이 많은 청년에게는 높은 금리와 주택 마련 걱정까지 줄일 수 있는 일거양득의 통장이다. 지난해 말 김현미 국토교통부 장관이 발표한 '주거로드맵'을 통해 청년 주거지원 방안의 하나로 마련하겠다고 한 제도이다. 이 통장은 일반 청약저축보다 금리 혜택을 대폭 강화한 것이 특징이다. 가입대상은 만 29세 이하(병역근무기간 인정), 총급여 3000만 원 이하인 근로소득자(무주택 세대주)다. '청년우대형 청약통장'은 일반 청약통장과 같은 기능도 있다. 1년에 최대 600만원 한도까지 예치할 수 있고, 최고 이율 3.3%를 적용한다. 2년 이상 유지할 경우 이자소득 500만 원까지 비과세된다. 게다가 현행 청약저축과 동일한 수준으로 소득공제 혜택도 적용된다. 한편 정부는 전세대출 및 월세대출 지원도 강화하기로 했다. 지금까지 만 25세 미만 단독 세대주는 전세자금 대출을 받지 못했지만 앞으로는 19~25세 단독세대주도 2000만 원 한도에서 전세자금 대출을 받을 수 있다.

| 연봉 4000만 원대

연봉은 3000만 원대보다 높지만, 세금혜택은 급격히 줄어드는 구간이다. 실제 남는 돈도 별로 없다. 종잣돈을 모으기에 가장 애매한 위치이다. 그래도 앞에서 예시한 연봉대보다는 훨씬 나은 위치이다. 이들은 1년 생계비 1200만 원을 빼고 모두 저축한다면 4~5년 안에 1억 원을 모을 수 있을 정도로 안정적인 소득을 갖고 있기 때문이다.

| 연봉 1억 원 이상

이 책을 조용히 덮고, 지금 당장 서점에 가서 절세에 대한 책을 사서 읽어보자. 또한, 유능한 은행·증권사 PB나, 재무설계사를 알아보는 것을 추천한다.

이처럼 '개인회생 시 생계비'라는 극단적인 기준으로 생활해도 1억 원을 모으기는 쉬운 일이 아니다. 이런 각박한 현실 속에서 결혼하고 아이를 낳고 산다는 것은 정말 어려운 일이다. 그래도 희망을 품자. 이 책에는 신혼부부를 위한 알찬 꿀팁이 가득하니 말이다.

03

가계부 대신
간편결제(삼성페이, 네이버페이,
카카오페이)를 써라!

가계부를 쓰는 것은 결코 쉬운 일이 아니다. 머니스트 역시 한 번 도전해보았다가 포기했다. 물론 성격적으로 정리하고 기록하는 것을 좋아하는 사람은 있다. 그런 사람이라면 이 부분은 건너뛰어도 상관없다. 하지만 어렸을 때를 생각해보자. 방학 숙제와 일기 쓰는 것을 얼마나 귀찮아했는가. 그러나 이는 꼭 필요한 일이다. 가계부를 써야 내 소비습관을 알고 저축원금을 늘릴 수 있기 때문이다. 그렇지만 가계부를 쓰라고 말하는 전문가들도 가계부를 쓰고 있는지 의문이다. 필자 역시 가계부를 쓰고 있지 않기 때문이다.

필자는 가계부 대신 간편결제를 쓰는 걸 추천한다. 간편결제는 스마트폰만 있으면 오프라인은 물론 온라인에서 간편하게 결제할 수 있는 기능이다. 계좌이체 등 간단한 금융 서비스도 이용할 수 있어 인기다. 특히 우리나라는 80%에 육박하는 높은 스마트폰 보급률에다 홍채·지문 등의 생체인증이 가능한 고사양폰이 확산되면서 간편결제가 현금과 신용카드에 이어 새로운 결제수단으로 자리를 잡고 있다.

중요한 점은 간편결제를 사용하기만 해도 내가 한 달간 지출한 내역을 한눈에 파악할 수 있다는 점이다. 이러한 편리성 덕분에 한국은행에 따르면 간편결제 이용건수·금액은 급격히 확대돼 지난해 3분기 간편결제 이용건수(하루 평균 기준)는 243만 건으로 전년 같은 기간(101만 건)보다 2.4배 늘었다고 한다. 그만큼 편리하게 쓸모가 많기 때문일 것이다. 현재 삼성페이와 네이버페이가 이용금액과 이용자 수에서는 가장 앞서고 있다. 뒤를 이어 카카오페이와 페이코가 경합을 벌이고 있는 양상이다. 이 책에서는 가장 인기 있는 3가지 간편결제인 삼성페이와 네이버페이, 카카오페이를 다루어 보겠다. 이 세 가지 간편결제 기능이 우리나라에서 사용하기 편리하고 유용하기 때문이다.

① 삼성페이

삼성페이는 핸드폰에 카드를 저장해서 실물 카드 없이 카드를 사용하는 유용한 서비스다. 삼성페이의 누적 가입자 수는 1000만 명을 돌파했고 누적결제액은 2017년 8월에 이미 10조 원을 넘어섰다고 할 만큼 우리나라에선 큰 인기를 얻고 있다. 삼성페이는 국내에서 가장 대중적으로 사용되기에 편의점, 술집 등 체크카드가 쓰일 수 있는 모든 곳에서 사용할 수 있다. 특히 삼성페이는 페이플래너 서비스가 유용하다. 매달 지출 규모를 그래프로 한눈에 확인할 수 있으며 세부적인 내용도 기록돼 있다. 매달 카드별 예산을 한정하는 기능도 있어 충동구매가 있는 사람도 소비를 줄일 수 있다. 삼성페이는 결제기능 외에도 계좌나 멤버십도 연결할 수 있다. 지원하는 은행에 한해서 간단한 은행 업무도 볼 수 있다. 근거리무선통신(NFC) 기술을 활용한 교통카드 기능도 있어 지갑을 놔두고 왔을 때 대중교통을 이용할 수도 있다. 스마트폰만으로 이 모든 게 가능하다니 참 편리한 기능이다. 지원되는 사양이나 모델을 확인해야 하지만 안드로이드 스마트폰 이용자라면 누구나 삼성페이 미니 응용 소프트웨어(앱)를 내려받아 온라인 결제에 활용할 수 있다. 결제 수단을 삼성페이로 선택하면 스마트폰의 삼성페이 앱과 연결돼 비밀번호 또는 지문으로 빠르고 쉽게 결제할 수 있다. 삼성페이 미니는 마그네틱보안전송(MST) 지원이 안 되는 LG전자 스마트폰이나 애플 아이폰같은 비삼성 계열 스마트폰으로도 삼성페이에 접속할 수 있게 해준다.

② 국민 메신저 카카오톡의 '카카오페이'

카카오페이는 국내 메신저 앱 1위를 달리고 있는 국민 메신저 카카오톡의 '더 보기' 메뉴에서 만나볼 수 있다. 카카오페이를 이용하기 위해서는 사용자의 계좌를 카카오페이와 연결해야 하는데, 이 계좌를 통해 카카오머니를 충전하고 송금된 금액을 받을 수 있다. 계좌를 연결하는 방법은 간단하다. 사용자의 이름, 전화번호, 은행, 계좌번호를 입력하면 카카오페이에서 해당 계좌로 1원을 입금해주는데, 1원을 입금해준 입금자명을 입력하면 된다. 다음으로 ARS 인증 요청을 해야 하는데, 화면에 나타난 인증번호 두 자리를 누르면 인증이 완료된다.

카카오페이는 처음 사용하는 사용자들도 카카오페이의 서비스를 단번에 이해할 수 있도록 직관적인 아이콘으로 표시되어 있다. 현재 보유한 카카오머니와 카카오머니 사용내역을 확인할 수 있으며 송금, 청구서, 멤버십 등의 서비스를 이용할 수 있다. 또한, 체크카드나 신용카드를 카카오페이에 등록해 더욱 간편하게 모바일로 결제할 수 있으며, 인증서를 발급받아 사용할 수 있다.

카카오톡 친구 목록에서 받는 사람을 선택하거나, 상대방의 계좌 번호를 입력해 받는 사람을 설정할 수 있다. 휴대폰 번호를 입력해 받는 사람을 설정할 수 없다는 점이 조금 아쉽지만, 휴대폰 번호를 모르는 카카오톡 친구에게도 송금할 수 있다는 점이 매력적이다. 받는 사람을 선택한 후 상대방의 이름과 송금 금액을 확인하고 '보내기' 버튼을 누르면, 비밀번호를 입력하거나 지문 인식을 해서 송금을 완료할 수 있다. 필자는 지문을 등록해 놓았기 때문에 엄지손가락을 살짝 올려두었다가 떼자 곧바로 송금을 완료할 수 있었다.

송금할 때는 10000원 단위로 충전을 해야 하는데, 사용하고 남은 카카오머니는 연결된 계좌로 인출할 수 있다. 신용카드 이용대금명세서, 가스요금, 전기요금, 지방세 등의 청구서를 카카오톡으로 받고 납부까지 한 번에 할 수 있는 기능이다. 또한, 지로용지에 있는 수납용 QR코드를 스캔해 청구 요금을 쉽고 편리하게 낼 수 있다. 단, 신청 가능한 청구서가 정해져 있으므로 청구서 기능을 사용하기 전에 반드시 확인해 보아야 한다.

또 다양한 멤버십 포인트를 한 번에 관리할 수 있는 통합 멤버십 기능도 있다. 사용자들을 위해 해피포인트, CJ ONE, L포인트, CU 등 다양한 멤버십 포인트를 한 번에 관리해주는 기능이다. 작은 멤버십 포인트도 놓치지 않고 적립할 수 있어 매우 편리하다.

③ 국민 포털 네이버의 '네이버페이'

네이버페이는 국내에서 가장 많이 사용하는 포털 사이트인 네이버 앱에서 이용할 수 있다. 네이버페이를 이용하기 위해서는 본인 휴대전화 인증을 해야 한다. 네이버페이를 처음 사용하는 사용자들도 네이버페이에 어떤 기능이 있는지 한눈에 파악할 수 있도록 여러 가지 기능을 하나의 화면에 모두 담았다.

간편송금을 포함한 8개의 서비스를 이용할 수 있으며, 현재 사용 가능한 네이버페이 포인트를 확인할 수 있다. 네이버페이 역시 다른 간편결제 서비스와 마찬가지로 주로 쓰는 카드들의 정보를 미리 입력해 사용한다. 쇼핑에서 사려고 하는 구매물품이 네이버페이 가맹점인지 확인 후 '네이버페이 구매하기' 버튼을 누르면 간단한 결제 정보와 휴대폰 인증 절차를 거친 뒤 구매가 완료된다.

구매 전 미리 네이버페이 충전을 이용할 수도 있다. 네이버페이 충전은 네이버페이 화면에서 적립/충전-충전 메뉴로 접속해서 할 수 있다. 처음 네이버페이 충전 단계에서는 서비스 이용 동의 약관이 뜨고 그 후 네이버페이 충전 버튼이 생성된다. 이때 휴대폰 간편결제부터 무통장입금, 신용카드, 상품권 등 다양하게 결제할 수 있다. 상품권으로 네이버페이 충전 시 해피머니, 틴캐시, 문화상품권 중 하나를 선택한다. 네이버페이는 네이버 포털 내 모든 디지털 콘텐츠(웹툰·영화·뮤직·북스) 결제에 이용된다. 또 '네이버 쇼핑' 서비스와 연결된 15만 개 이상 중소 유통업체들의 인터넷 쇼핑몰에서도 결제 수단으로 쓰인다. 네이버는 네이버 검색의 3분의 1 이상이 쇼핑 관련 키워드인 만큼 네이버 쇼핑을 통해 연결된 중소기업 쇼핑몰에서 네이버페이 사용이 이뤄지고 있다고 밝히기도 했다. 네이버페이는 구매할 때마다 3%씩 포인트가 적립되는데다가 국내 최대 포털인 만큼 네이버페이가 이용자에게 자주 노출되기 때문에 앞으로 네이버페이 이용자가 늘어날 것으로 예측된다.

이상 국내에서 가장 잘 나가는 3가지 간편결제 서비스의 설명을 마치겠다. 서비스마다 장점과 특징이 있기에 자신에게 맞는 간편결제 서비스를 이용하는 것을 추천한다.

04

카카오뱅크 '세이프박스'로 통장을 나눠라

돈을 모으고 불리는 금융 재테크에 사람들의 관심이 커지면서 이렇게 하면 돈을 모을 수 있고, 저렇게 하면 돈을 불릴 수 있다는 여러 정보가 각종 언론매체와 매스컴을 통해 쏟아져 나오고 있다. 이들이 알려주는 대로 따라 하기만 하면 정말 부자가 될 수 있을까? 하지만 섣불리 따라 했다가는 돈을 모으기는커녕 빚만 늘어나는 경우가 많다.

금융 재테크의 시작은 현금 흐름을 파악하는 것이다. 어렸을 때는 부모님에게 용돈을 받고 쓰는 '용돈관리'였다면 어른이 된 지금은 월급을 받고 세금을 내며 저축과 투자를 하는 등 돈의 흐름이 복잡해 '내 돈의 흐름'을 파악하는 게 어려워졌다. 특히 맞벌이 부부일 경우 이 어려움은 더 커진다. 이 것이 반드시 통장을 여럿으로 분리해야 하는 이유다. 생활비는 생활비 통장에, 여행비는 여행비 통장에 분리돼 정돈해야 한다. 왜냐하면 하나의 통장에 돈을 그저 쌓아두면 현금흐름을 파악하기 어렵고 그렇게 생활하다 보면 어느새 돈이 다 사라지고 없는 경우가 많기 때문이다. 여기에는 심리적인 이유도 포함된다. 일반적으로 돈이 있으면 쓰고 싶은 것이 인지상정이다. 통장에 돈이 많으면 많을수록 쓰게 된다. 하지만 좋아하는 여행을 가기 위해, 혹은 갖고 싶은 자동차를 사기 위해 통장을 따로 만들고 저축을 한다면 소비를 줄이는 데 큰 도움이 된다. 원하는 목표를 위해서 통장을 만들고 얼마 동안 저축을 할지 계획한다면 저축은 즐거운 기다림이 될 수 있다. 통장을 나누는 것이 재테크의 기본이다.

통장 분리는 어떻게 해야 할까?

월급이 200만 원이든, 300만 원이든 세후 연봉을 12개월로 나눈 게 평균월급이다. 이 월급에서 생활비와 고정 지출을 제외하면 우리가 쓰거나 저축할 수 있는 잉여금이 나온다. 이 금액은 최대로 저축할 수 있는 금액으로 적금이나 펀드 등에 관리하면 된다. 이를 위해서는 월급 통장, 이체 통장, 생활비 통장, 비상금 통장 등 최소한 네 개의 통장이 필요하다.

먼저, 월급 통장은 대출을 받을 때 유용하다. 또한 월세, 통신비, 공과금, 보험료, 대출금 등 매월 고정적으로 지출되는 금액을 자동납부되도록 해두는 게 좋다. 월급 통장을 선택할 때는 '이자를 얼마나 주느냐'보다는 통장으로 공과금이나 통신요금 등을 자동이체 할 때 우대사항이 있는지를 살펴보는 게 좋다.

두 번째로 이체 통장이 있다면 더 편리하다. 이체 통장은 다양한 목적을 위해 만든 통장들로 돈을 이체하는 목적의 통장이다.

세 번째는 생활비 통장이다. 돈을 모으려면 돈이 들어오는 흐름만큼 돈이 나가는 흐름을 아는 것이 중요하다. 즉 내가 한 달에 얼마나 쓰는지를 파악해야 하고 이를 위해 생활비 통장을 사용해야 한다. 한 달 생활비를 정해 이체 통장에서 일정 금액을 이체해서 생활해보자. 통장 하나로 사용했기에 어디에 어떻게 사용했는지 모두 기록된다. 통장의 잔액이 줄어들수록 심리적 압박으로 지출이 불편해지기에 과소비를 막는 방안이 될 수 있다. 만일 생활비가 많이 남는다면 비상금 통장에 이체하는 것도 방법이다. 돈이 남는다면 쓰고 싶은 게 사람의 마음이기 때문이다. 부부의 경우 기본적으로 생활비 통장을 두 개 이상을 사용해야 한다. 옷이나 커피 등 남편과 아내가 따로 지출하는 비용이 생기기 때문이다.

마지막으로 '비상금 통장'이다. 인생을 살다 보면 실직이나

폐업, 병원비 등 갑작스럽게 돈이 필요할 경우가 온다. 이럴 때를 대비해 필요한 게 비상금 통장이다. 비상금 통장은 월 생활비의 3배 이상을 확보하는 게 좋다. 이 통장은 필요할 때 즉시 인출해야 하므로 하루를 맡겨도 이자를 주는 은행·증권사의 CMA 또는 카카오뱅크의 세이프박스를 이용하는 걸 추천한다. 특히, 카카오뱅크는 이체 통장과 비상금 통장을 한 번에 해결할 수 있어 추천한다. 먼저, 카카오뱅크의 '세이프박스'는 소비자금과 예비자금을 분리해 별도로 보관할 수 있는 기능을 말한다. 최대 500만 원까지 가능하며 하루만 맡겨도 연 1.2%의 금리를 제공한다고 하니 정말 편리하고 유용한 기능이라 할 수 있다. 1계좌당 1개의 세이프박스를 만들 수 있다. 특히 카카오뱅크는 OTP와 공인인증서 없이 계좌이체 할 수 있어 편리하며 이체 수수료도 없다. 더욱이 전국 편의점에서 출금할 수 있고 수수료도 없기에 이체 통장으로도 카카오뱅크를 사용하는 것을 추천한다. 카카오뱅크 세이프박스를 이용하면 급여 통장과 카카오뱅크 계좌만 있어도 자금을 손쉽게 관리할 수 있기 때문이다.

05

신혼집 마련의 꿈 이뤄주는 '청약통장'의 세계

　취업을 하고 나서 주변 어른들이 가장 많이 하는 말 중 하나가 "나중에 집 살 때 필요하니 청약통장 만들라"는 얘기다. 청약통장은 재테크의 기본 중 하나이다. 뭐니 뭐니 해도 신혼부부의 가장 큰 고민이자 소망은 내 집 마련이라고 할 수 있다.

　청약통장은 청약저축·청약부금·청약예금·주택청약종합저축으로 나뉜다. 하지만 2009년 5월 이후 '주택청약종합저축'이 출시되면서 여러 종류의 청약통장이 하나로 합쳐지게 됐다. 즉 '청약통장=주택청약종합저축'인 셈이다. 주택청약종합저축'은 통장 하나에 청약저축, 예·부금까지 기존의 '청약통장'을 모두 통합하여 다양하고 복잡한 청약통장의 기능을 하나로 묶어 청약통장 선택의 고민을 없앤 상품이다. 번거로움 없이 공공주택과 민영주택에 모두 청약할 수 있다고 해서 '만능청약통장'으로도 불린다.

가입조건은 국민 또는 외국인 거주자로 1인 1계좌만 가능하다. 가입기간은 가입한 날로부터 국민주택과 민영주택의 입주자로 선정될 때까지이다. 국민은행, 기업은행, 농협은행, 신한은행, 우리은행, 하나은행 등 주요 시중은행에서 모두 가입 가능하다. 매월 최소 2만 원에서 50만 원 이내로 자유롭게 납입한다.

금리는 2년 이상부터 연 1.8%로 시중은행보다 높기에 재테크 수단으로도 용이하다. 특히 무주택자이면서 7000만 원 이하의 근로소득을 갖고 있는 자는 최대 96만 원까지 소득공제가 가능하니 일석이조의 상품이 아닐 수 없다.

가입할 때 주의해야 할 점은 국민주택과 민영주택 중 분양받을 것을 선택해야 한다는 것이다. 아파트를 건설해 분양하는 주체는 두 종류다. 공공분양과 민간분양이다. 공공분양(국민주택)은 정부와 지자체 그리고 LH가 건설한 $85m^2$(약 25.7평) 이하의 주택을 말한다. 그리고 이를 제외하면 모두 민간분양(민간주택)이다. 국민주택이 민간주택에 비해 훨씬 저렴하기에 대부분 국민주택을 신청한다. 국민주택은 입주자모집 공고일 기준으로 해당주택 건설지역 또는 인근지역에 거주하는 만 19세 이상인 사람이 청약 신청할 수 있기에 자녀가 있다면, 고등학생 때부터 청약통장을 만들어주는 게 현명하다. 배우자 또는 직계존·비속인 세대원이 있는 세대주라면 만 19세 미만이라도 청약 가능하다. 세대주와 세대원 전원이 주택을 소유하고 있지 않아야 한다.

국민주택을 신청할 경우 매달 납입하는 금액이 10만 원을 넘더라도 납입인정 금액은 10만 원이라는 점을 유의해야 한다. 매달 20만 원씩 1년간 적립했다면 실제 적립액은 240만 원이지만 인정금액은 120만 원이라는 얘기다. 만일, 더 큰 면적의 주택을 분양받고자 한다면 청약통장을 증액할 수 있다. 서울 거주 85m^2 이하 주택 청약자라도 예치금액이 1000만 원을 넘으면 102~135m^2 주택으로 신청 주택을 바꿀 수 있다. 증액의 효과는 곧바로 효력이 생기므로 해당 주택의 입주자 모집 공고일 이전에만 증액이 이뤄지면 된다. 반면, 감액은 인정되지 않기에 대형아파트를 신청했다가 중소형으로 바꿔 신청하려면 통장을 해지한 후 새로 가입해야하기에 주의가 필요하다.

청약통장에 가입했다면 1순위가 되기 위해 노력해야 한다. 수도권은 최소 1년 이상 연체 없이 납부하면 되고, 그 외 지역은 6개월 이상 납부를 했다면 1순위 조건이 충족된다. 가입기간과 연체 여부에 따라 '순위'가 주어진다. 현재 서울·인천·경기 등 수도권은 가입 후 1년, 지방지역은 6개월이 지나면 1순위 자격이 주어지고 있다. 민영주택에 청약할 경우 납입횟수는 고려하지 않고 납입금만을 따진다. 서울·부산 지역이라면 최소 300만 원이 납입돼 있어야 전용 $85m^2$ 이하에 청약할 수 있다. 600만 원이면 전용 $102m^2$ 이하, 1000만 원이면 전용 $135m^2$ 이하, 1500만 원이면 모든 면적에 청약 가능하다. 기타 광역시나 시·군은 이보다 조금 낮은 기준을 두고 있다.

청약부금 소유자는 전용 $85m^2$ 이하 주택형에만 청약할 수 있다. 1순위가 된 이후 운 좋게 당첨됐다면, 먼저 계약금을 내고 이후 잔금을 내면 입주가 이루어진다. 보통 계약에서 입주까지 2~3년이 걸리는데 후분양 아파트의 경우 이미 지어놓고 청약을 받는 것이라 그 기간은 더 짧아진다.

06

정부가 신혼부부를
위해 마련한
주택 10가지

청약통장을 이미 마련했다면, 정부의 지원을 바탕으로 공
급되는 공적 주택을 꼼꼼히 살펴보자. 장기간 안정적으로 거
주하거나 분양까지 받을 수 있는 알짜 보금자리를 찾을 수 있
다. 집 걱정에 신혼의 달콤함조차 누릴 여유가 없는 새내기
부부들을 위해 머니스트가 다양한 공적 주택을 한눈에 정리
했다.

LH(한국토지주택공사)가 공급하는 공적 주택 중 신혼부부들
을 대상으로 하거나 우선공급 대상으로 삼고 있는 주택은 모
두 10종류에 이른다. 크게 임대주택과 분양주택으로 나눌 수
있는데, 임대주택은 정해진 거주 기간이 지나면 퇴거해야 한

다. 반면 분양주택은 처음부터 내 집 마련을 목적으로 분양 받거나 임대로 거주 후 분양전환을 통해 자가로 소유할 수 있다. 신혼부부들이 노려볼 만한 LH 임대주택에는 △영구임대 신혼부부 우선공급 △국민임대 신혼부부 우선공급 △행복주택 △신혼부부 매입임대리츠 △신혼부부 전세임대 △공공지원 민간임대주택 △신혼전용 매입임대 7가지다.

① 영구임대 신혼부부 우선공급이란?

영구임대는 생계·의료급여 수급자와 국가유공자, 위안부 피해자 등 사회보호계층의 주거안정을 목적으로 건설된 임대주택이다. 무주택세대구성원으로서 혼인기간 7년 이내이고 자녀가 있는 신혼부부 생계·의료급여 수급자는 우선공급 대상이 된다. 소득, 자녀수, 해당지역 거주기간 등을 고려해 공급물량의 10% 이내에서 우선 공급한다.

② 국민임대 신혼부부 우선공급이란?

국민임대는 무주택 저소득층(소득1~4분위 계층)의 주거안정을 도모하기 위해 국가재정과 기금을 지원받아 건설·공급하는 임대주택이다. 무주택세대구성원으로서 혼인기간 7년 이내이고 그 기간에 출산(입양)해 자녀가 있는 무주택세대구성원은 우선공급을 받을 수 있다. 소득 및 자산기준은 전년도 도시근로자 가구당 월평균소득의 70% 이하면서 총 자산 2억2800만 원 이하, 차량가액 2522만 원 이하를 충족해야 한다.

③ 행복주택이란?

행복주택은 젊은 계층의 사회적 도약을 위한 주거사다리 제공 차원에서 직주근접 입지에 건설·공급하는 임대주택이다. 해당(연접)지역에서 소득이 있는 업무에 종사중인 자 또는 해당(연접)지역 거주 예술인으로서 도시근로자 가구 평균 소득 100% 이하면서 혼인합산기간 7년 이내 또는 예비신혼부부인 무주택세대를 대상으로 한다. 자녀가 있는 경우 기존 8년에서 10년으로 거주기간, 혼인기간(3년 이내 우선) 및 해당 지역거주자, 다자녀 조건을 고려해 우선 선발한다.

④ 신혼부부 매입임대리츠란?

신혼부부 매입임대리츠는 시중의 민간아파트를 호별로 매입해 10년간 임대하는 매입형 공공주택이다. 주택도시기금에서 출자해 설립한 리츠에서 사업을 시행한다. 임대주택 소재 지역에 주민등록이 등재된 무주택세대 구성원으로서 신혼부부(혼인 합산기간이 5년 이내) 또는 예비 신혼부부면 입주자격을 얻는다. 자산요건은 토지·건축물 부동산 2억1550만 원 및 자동차 2825만 원 이하다.

⑤ 신혼부부 전세임대란?

신혼부부 전세임대는 도심 내 최저소득계층이 현 생활권에서 거주할 수 있도록 기존주택에 대해 전세계약을 체결한 후 저렴하게 재임대하는 사업이다. 혼인 7년 이내인 생계·의료급여 수급자 또는 전년도 도시근로자 월평균 소득 일정액 이하인 무주택 신혼부부(예비 신혼부부 포함)를 대상으로 공급된다. 혼인기간(3년 이내 우선)과 자녀여부, 월평균소득(50% 이하 우선) 등에 따라 우선순위가 부여된다.

⑥ 공공지원 민간임대주택이란?

공공지원 민간임대주택은 8년 거주가 보장되고 연 5% 이내로 임대료 인상이 제한되는 기존 뉴스테이의 개선형이다. 청년과 신혼부부 등에게 특별공급 되는 등 공공성이 강화됐다. 초기임대료는 시중 시세의 70~85% 수준이며, 연 5% 이내로 임대료 증액이 제한된다. 도시근로자 평균소득의 120% 이하인 혼인 7년 이내 신혼부부면 특별공급 대상이 된다.

⑦ 신혼전용 매입임대란?

신혼전용 매입임대는 주거복지로드맵에 따라 올해 신규 도입되었다. 교통이 편리한 곳에 방 2~3개를 갖춘 비교적 큰 평수의 주택을 매입해 공급한다.

신청자격은 월 평균소득 100%(맞벌이의 경우 120%) 이하 신혼부부를 대상으로 하되, 평균소득 50% 이하 신혼부부에게 우선 공급한다. 임대조건은 주변시세의 90% 수준으로, 임대보증금은 주택매입 가격의 50% 내에서 결정된다. 최장 10년까지 임대가 가능하고, 임대료 상승률이 연 1% 이하로 안정적으로 거주할 수 있다. 임대기간이 종료된 후에는 리츠가 해당 주택의 일반매각(분양전환) 혹은 임대주택으로 계속 활용할지 여부를 결정할 수 있다.

⑧ LH가 공급하는 분양주택 3가지

공적 주택을 내 집 마련의 대상으로 삼고 싶은 신혼부부는 LH가 공급하는 분양주택에 관심을 가져볼 만하다. 신혼부부를 대상으로 LH가 공급하는 분양주택은 3가지로 △공공임대주택(분양전환 임대) 특별공급 △공공분양주택 특별공급 △신혼희망타운(신규도입)이 대표적이다. 분양전환형 공공임대주택은 5년 또는 10년 임대의무기간 동안 안정적인 임대조건으로 거주하다 분양전환을 통해 입주자가 주택을 취득할 수 있도록 한 주택이다.

공고일 현재 당해 주택건설지역에 거주하는 혼인기간 7년 이내이고, 그 기간에 출산(임신 및 입양 포함)해 자녀가 있는 무주택세대구성원이면 특별공급 대상이 된다. 전년도 도시근로자 가구 평균소득 100% 이하(맞벌이는 120% 이하) 및 부동산 2억1500만 원 이하, 차량가액 2825만 원 이하(2017년 기준) 조건을 충족해야 한다.

⑨ 공공분양주택이란?

공공분양주택은 소득이 낮은 무주택서민이거나 국가유공자, 장애인, 신혼부부 등 정책적 배려가 필요한 사회계층의 주택마련을 지원하기 위한 제도다. 공고일 현재 당해 주택건설지역에 거주하는 혼인기간 7년 이내이고, 그 기간에 출산(임신 및 입양 포함)해 자녀가 있는 무주택세대구성원이면 청약자격을 얻는다. 전년도 도시근로자 가구 평균소득 100% 이하(맞벌이는 120% 이하) 및 부동산 2억1500만 원 이하, 차량가액 2825만 원 이하(2017년 기준) 조건을 충족해야 한다.

⑩ 신혼희망타운이란?

신혼희망타운은 주거복지로드맵에 따라 올해부터 신규 도입되는 분양 가능 공공주택으로 신혼부부가 선호하는 설계·시설과 육아·교육 등 특화서비스가 제공된다. 즉시 분양 또는 10년 임대 후 분양전환 중 유형을 선택할 수 있다.

앞으로 5년간 연평균 1만4000호씩 총 7만호가 공급될 예정이다. 입주 대상은 도시근로자 평균소득의 120% 이하인 혼인 기간 7년 이내 신혼부부 또는 예비 신혼부부다.

07

자동차 합리적으로
구입하는
꿀팁 5가지

결혼하고 나서 새로 구입하는 물건들이 많다. 보통 집을 제외하고는 자동차가 가장 비싼 구매품일 것이다. 미혼 시절, 이미 자가용을 가지고 있던 사람은 결혼을 계기로 더 좋은 차로 바꾼다. 또 결혼 전에는 운전하지 않던 사람도 슬슬 운전을 생각하게 된다. 이 때문에 혼수 품목에 자동차를 포함하는 예비 신랑신부들을 어렵지 않게 찾아볼 수 있다. 결혼에 있어서 자동차가 더 이상 웨딩카로만 끝나지 않는 현실에 발맞춰 자동차 구입을 둘러싼 궁금증을 풀어보려고 한다. 신혼부부가 알아두면 좋을 자동차 구입요령을 살펴보자.

먼저, 연봉에 적정한 자동차 가격은 얼마일까? 정답은 없다. 감내할 수준의 자동차를 사서 만족스럽게 타면 된다. 비싸더라도 당사자의 만족도가 높으면 괜찮다. 사람마다 자동차를 바라보는 시선이 다르고 자동차가 필요한 정도도 다르다. 하지만, 참고할 만한 조언들은 있다. 비영리기구인 미국신용상담협회(NFCC)는 '20/4/10' 공식을 권한다. 자동차 구입 시 계약금은 20% 정도를 지불하고, 할부기간은 4년 이내가 적당하며, 연 수입의 10% 이내에서 자동차 할부금을 지불하라는 것이다. 3000만 원 짜리 자동차를 산다고 할 때 계산법은 다음과 같다. 가격의 20%인 600만 원을 계약금으로 걸고 남은 2400만 원을 4년 할부로 계산하면 월 할부금은 50만 원, 1년 할부금은 600만 원이다. 이자는 편의상 계산하지 않는다. 연 수입 10% 이내로 할부금을 내야하기에 연봉이 6000만 원은 돼야 3000만 원짜리 자동차를 구매할 수 있다는 걸 알 수 있다. 쉬운 공식은 자신의 연봉의 절반 수준의 자동차를 사라는 것. 실제 우리나라 소비자의 인식도 비슷하다. 몇 년 전 시장조사업체인 마케팅인사이트가 적정 자동차 구매비용을 조사했더니 연봉의 절반 정도가 적당하다는 응답이 가장 많았다.

① 자동차 라이프스타일을 명확하게 판단해라

자동차를 사기 전에 자신이 사려는 차에 대한 용도나 차를 활용한 라이프스타일을 따져볼 필요가 있다. 만약 자녀가 3명이라면 세단보다는 SUV나 RV를 고려해야 하고, 2명이 주로 차를 타면서 높이가 있는 짐을 실을 기회가 많다면 소형세단보다는 해치백이 더 유용하다. 결혼한 이후 차는 가족 모두가 사용하는 공용품이기 때문이다. 가족과 생활패턴 고려 없이 차를 사면 불편함만 느끼다가 차를 또 한 번 바꾸게 될지도 모른다.

② 신차는 연말에 구입하자

국산차와 수입차 업체들이 연말을 맞아 '통 큰 할인'을 진행하고 있다. 업체별로 올 한 해 실적을 끌어 올리고 연식 변경으로 인한 재고를 줄이기 위해 평월 대비 큰 폭의 할인이 이뤄지면서 신차 구매를 고려 중인 소비자들에게 좋은 기회가 되고 있다. 최신형 모델에 연연하지 않는 소비자라면 자동차 업계 관계자들은 연말에 사는 게 유리하다고 전한다. 다음 해에 풀체인지 되는 모델을 연말에 대폭 할인하기 때문인데, 특히 수입차의 경우 연말 비공식 할인이 꽤 커서 12월은 차를 사는 적기라고 한다.

③ '캐시백' 모르면 손해

자동차 알뜰 소비자라면 연말에 캐피탈사, 카드사, 은행 등 금융회사에서 자동차를 살 때 제공하는 캐시백 혜택을 미리 챙겨봤을 법하다. 자동차 구입을 위한 금융 서비스 이용 시 금융회사별로 이용금액에 따라 적게는 0.5%에서 많게는 2% 까지 캐시백 형태로 금전적 혜택을 제공한다. KB국민카드는 신차 구입 때 500만~5000만 원 이상 일시불로 결제하면 추후 카드대금에서 결제금액의 0.5~2%를 청구할인 형태로 돌려준다. 고객 입장에서는 혜택을 받는데 별도의 비용이 들지 않는다는 점에서 유익이 크고 도리어 현금을 주고 신차를 구입하면 손해일 수도 있다.

삼성카드도 자동차 값의 일부를 일시불로 긁으면 일부를 다시 돌려준다. 예컨대 4000만 원 상당의 현대차 제네시스 G70(2.0T 어드밴스드) 모델 구입 시 2000만 원을 일시불로 결제하고 나머지 2000만 원을 60개월 할부로 진행하면 24만 원을 캐시백 받을 수 있다. 이런 혜택은 이미 카드사 등 각 금융회사마다 인터넷 홈페이지 등에 공지하고 있어 쉽게 정보를 취득할 수 있다. 하지만 이외 플러스 혜택을 받을 수 있는 딜러 캐시백은 발로 뛴 만큼 챙길 수 있다. 딜러마다 관계를 맺고 있는 금융회사가 다르고 딜러 실적에 따라 캐시백 혜택도 조금씩 차이가 나기 때문이다.

④ 매달 제조사 할인 정책을 체크하자

자동차 회사마다 판매조건은 매월 변동되기에 인터넷을 통해 해당 모델의 판매조건을 먼저 확인하는 것이 필수다. 시기마다 해당 차종의 수급이 달라지기 때문에 저이자 할부 정책부터 수백만 원 할인 정책까지 판매사마다 다양한 할인혜택이 있기에 그 시기를 노린다면 훨씬 저렴하게 자동차를 구매할 수 있다.

⑤ 재고차·전시차를 공략하자

신차를 저렴하게 구입하는 방법 중 하나는 재고차 혹은 전시차를 선택하는 것이다. 먼저, 모터쇼나 일반 영업점에 전시됐던 차들은 일반 고객들도 할인된 가격에 구매할 수 있다. 현대차 등 국내 업체들은 15일 이상 전시된 차를 구입하는 고객에게는 탁송료를 받지 않는다. 현대·기아 전시차는 차종별로 10만 원에서 50만 원까지 할인해준다고 한다. 또한 3개월 이상 팔리지 않은 재고차의 경우 차종에 따라 현대차는 20만~400만 원, 기아차는 50만~200만 원 할인해준다. 월마다 할인율이 변하기 때문에 영업점에 문의하는 것이 좋다.

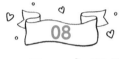

중고차 똑똑하게 구매하는 꿀팁 5가지

　　중고차를 찾는 소비자들이 늘고 있다. 초기비용이 저렴할 뿐 아니라 최근에는 중고차 업체들이 다양한 혜택을 제공하고 있어 약간의 시간과 노력만 투자하면 신차에 버금가는 만족스러운 '내 차'를 만날 수 있기 때문이다. 하지만 중고차 시장이 이처럼 잘 나가는 만큼 소비자들을 상대로 사기를 펼치는 업체 또한 성행 중이다. 허위매물, 강매, 사고차량판매 등은 실제로 중고차 업체를 방문한 소비자들이 입는 피해다. 때문에 중고차 구입을 계획하고 있는 소비자라면 구입을 희망하는 차종의 시세를 파악하고 구매를 고려하고 있는 중고차가 실매물인지 확인하는 것이 필수다. 또한 중고차시세표보다 현저히 저렴한 매물은 피해야 한다.

① 내 예산에 맞는 차량을 고르자

중고차를 구입할 때는 무엇보다 예산에 맞는 성능 좋은 차를 고르는 게 중요하다. 정해진 예산범위를 넘어서는 차량에 욕심을 내서 무리하게 과다지출을 하는 것은 개인의 전체 소비에 영향을 미치기 때문이다. 또 성능보다 디자인이나 개인 선호도에 따라 차량을 고르는 것도 피해야 한다. 중고차는 옵션이나 색상 등 원하는 조건이 많아질수록 좋은 차를 고르기가 힘들다. 따라서 정말 포기할 수 없는 몇 가지 조건을 정해 그 조건에 맞는 차량들을 골라야 한다.

② 중고차의 상태를 꼼꼼히 살피자

중고차의 노후 상태를 살펴 볼 때 타이어는 가장 먼저 확인해야 할 부분이다. 타이어는 안전과 가장 밀접한 부품으로 타이어가 심하게 마모된 차량은 휠 밸런스 등에 문제가 있을 수 있다. 타이어 마모의 상태를 필히 확인해 보아야 하는 이유다.

중고차의 엔진오일과 미션오일의 게이지량, 변색 등도 확인해야 한다. 이는 자동차의 전 주인의 차량관리 여부를 알 수 있는 부분이다. 엔진오일과 미션오일의 교환주기를 놓친 차량은 시끄러운 소음을 내거나 수명이 짧아지기 때문에 꼼꼼히 살펴봐야 하는 사항 중 하나이다.

브레이크 계열도 점검이 필요한데, 주행 중 브레이크를 밟았을 때 핸들이 떨린다면 브레이크와 관련된 드럼의 수명이 다한 것으로 꼭 확인해야 한다. 브레이크는 차량의 안전제어를 담당하는 부분으로 인명의 안전과 직관된 장치인 만큼 아주 주의 깊게 살펴봐야 한다.

직접 시운전을 해보면 외관상으로 살펴보고 괜찮다고 생각했던 차량도 미처 발견하지 못했던 부분의 고장 등을 알 수 있다. 차량의 속도가 높아질 때 엔진 상태와 차체의 떨림 여부, 차체의 변화 등을 꼼꼼히 체크하고 속도별로 얼마만큼의 소음이 나는지도 확인해야 한다. 이러한 내용을 숙지해서 중고차를 구입한다면 큰 손해를 보지 않을 수 있다.

③ 중고차 '등초본' 확인하자

구매하고자 하는 중고차를 찾았다면 이제 사고이력 정보와 성능상태 점검기록부 등을 통해 차량정보를 다각도로 확인해야 한다. 사고이력 정보 보고서는 자동차보험을 취급하는 14개 손해보험사의 수리비 지급기록에 근거한 자료다. 하지만 보험으로 처리된 사고이력만 표시하기 때문에 보험사에 신고하지 않은 경우에는 무사고로 체크되는 경우가 있다. 따라서 반드시 성능상태 점검기록부와 함께 확인해야 한다. 성능상태 점검기록부에서는 주행거리, 사고 및 침수유무, 수리 부위

를 검토할 필요가 있다. 이와 함께 자동차등록증도 살펴봐야 한다. 자동차등록증은 사람의 등초본과 같은 서류이므로 매물과 비교하면 허위매물을 가리는 데 도움이 된다. 자동차등록증에서는 등록증 발급이유 및 발급일자와 특히 저당권 등록여부를 확인해야 하며, 만약 등록증상에 근저당이 설정되어 있다면 할부금은 완납했는지, 근저당 설정이 해지됐는지 꼭 체크해야 한다.

④ 자동차 할부금융을 100% 이용하라

먼저, 자동차 대리점(또는 제휴점)의 말만 믿고 대출상품을 선택하지 말고, 여신금융협회가 운영하는 자동차 할부금융 비교공시 사이트에서 제휴점이 제시한 대출금리 등이 적정한 수준인지를 꼼꼼히 비교해 볼 필요가 있다.

신용등급 6등급, 만기 36개월로 가정했을 때 2016년 11월 기준으로 여신사별(상위 10개사) 중고차 할부금융(대출) 최고금리는 15.9~21.9%로 6.0%포인트나 차이가 난다. 자동차 할부금융 비교공시를 보려면 여신금융협회 공시실에 접속해 상품공시를 클릭하고 (할부)자동차금융상품을 선택한 후 본인에 해당하는 조건을 입력하여 검색하면 된다.

'신차'는 제조사 차종·선수율·대출기간을, '중고차'는 신용정보회사·신용등급·대출기간을 입력하면 최저·최고금리, 중도상환수수료율, 연체이자율 등의 정보를 비교해 볼 수 있다. 또 일부 회사는 중간에 제휴점 등을 거치지 않고 낮은 금리를 적용하는 다이렉트 상품을 취급하고 있기 때문에 특히 중고차를 구입할 시에 금융회사에 직접 대출을 신청하는 것이 유리하다.

할부금융 등을 이용해 자동차를 구입한 후 대출이 불필요해졌거나 다른 금융회사에서 더 좋은 조건으로 대출이 가능한 것을 알게 됐다면 철회권을 행사할 수 있다. 만일 대출계약 후 14일 이내라면 개인인 경우 4000만 원 이하 신용대출(담보대출은 2억 원 이하)에 대해 중도상환수수료 없이 원리금과 부대비용(대출을 위해 여신사가 부담한 인지세, 저당권 설정비용 등)만 상환하면 대출계약을 철회할 수 있다. 2018년 기준 1금융권 중고자동차할부는 6~8% 수준이며 2금융권 중고자동차할부는 11~29% 사이다. 소비자는 이자율뿐만 아니라 대출기간, 상환방법에 따른 상환금액 등 제반사항에 대하여 충분히 이해할 수 있을 때까지 업체에 설명을 요구할 수 있다는 점을 명심해야 한다.

⑤ 시간이 없다면 전문가를 활용하자

중고차를 구매하는 것은 발품이 많이 필요한 일이다. 가격 대비 고성능 중고차가 무엇인지 알고 있어도, 막상 직접 매물을 찾으려 들면 걱정부터 앞서기 때문이다. 이럴 땐 전문가의 도움을 요청하는 것도 방법이다. 일부 자동차 전문사이트의 무료 서비스를 이용하면 시간 낭비 없이 조건에 맞는 차량을 찾을 수 있다.

09

영화 한편 5000원,
'문화가 있는 날'
100% 즐기기

　매달 마지막 주 수요일은 정부가 지정한 '문화가 있는 날'이다. 이 날엔 각종 문화행사에 대한 무료 및 할인 혜택을 제공한다.

　가장 잘 알려진 혜택으로는 모든 영화를 5000원에 관람할 수 있다. CGV와 롯데시네마, 메가박스 등 전국 주요 영화관 관람료가 할인된다. 오후 5시~9시까지 영화관람료가 1인당 5000원이다. 다만, 3D상영관과 특수관은 제외된다.

　이는 전국 문화시설의 문턱을 낮추고 국민들의 생활 속 문화생활을 확산시키기 위해 문화융성위원회와 문화체육관광부에서 2014년 1월부터 시행한 제도이다. 시행한 지 4년이 넘었지만 아직까지도 잘 모르는 분들이 많다. 매달 행사내용은 '문화가 있는 날' 사이트(www.culture.go.kr/wday/index.do)에서 확인할 수 있다.

① 문화재 관람 할인

문화가 있는 날에 전국 국·공·사립 박물관, 미술관, 과학관 등 전시관람 문화시설을 무료 또는 할인하여 관람할 수 있다. 유료로 운영 중인 주요 국·공립 전시문화시설 대부분을 모두 무료로 관람 가능하며, 사립시설의 경우 미술관은 한국사립미술관협회 소속 회원관이 거의 모두 참여하고, 박물관은 운영여건을 감안하여 1월 시행이 가능한 70개관이 우선 참여한다.

야간개방은 동절기 관람수요와 예산부담 등을 고려하여 도심에 위치한 국립박물관 및 미술관 중심으로 실시할 예정이다. 또한 문화가 있는 날에 생활 속에서 역사와의 대화가 이루어지도록 유료 시설인 경복궁, 창덕궁, 창경궁, 덕수궁 등 조선 4대 궁궐과 종묘, 조선왕릉(14개 관리소)을 무료로 개방한다. 공립 문화재 시설로는 제주의 목관아와 삼양동 유적지를 무료 관람할 수 있다. 또한 각 지역의 도서관들은 문화의 날을 맞아 도서 대출 권수를 4권 더 늘려 대출할 수 있도록 혜택을 제공하고 있다.

② 공연관람료 할인

예술의 전당, 세종문화예술회관, 국립극장 등 전국 주요 공연장에서 관람료 할인이 가능하다. 현재 참여 단체는 국립국악원, 국립극단, 국립극장, 국립발레단, 국립오페라단, 국립합창단, 국립현대무용단, 강남문화재단, 남산예술센터, 부천문화재단, 서울예술단, 성남아트센터, 세종문화회관, 안산문화재단, 예술의전당, 정동극장, 한국문화예술위원회 등 국공립단체 및 극장이다. 할인율과 할인금액은 공연장과 공연마다 상이하다. '문화가 있는 날' 사이트에서 확인 가능하다.

③ 스포츠관람 할인

문화가 있는 날은 매월 쌓인 업무 스트레스를 해소하고 가족 간 화합의 날이 되기도 한다. 프로스포츠인 농구와 배구, 야구 경기장에 자녀와 부모가 동반 입장 시, 입장료를 모두 반값 할인한다. 이외에도 매달 다양한 할인 행사가 진행된다.

2018년 1월에는 '문화가 있는 날'에는 2018 평창 동계 올림픽의 성공적인 개최를 기원하는 프로그램들이 전국 각지에서 진행됐다.

서울 롯데월드 아이스링크, 목동실내빙상장, 인천 선학국제빙상경기장, 대전 남선공원종합체육관, 광주 실내빙상장, 대구 실내빙상장 등 19개의 빙상장에 무료로 입장하는 등 '문

화가 있는 날' 사이트에서 매달 할인하는 행사를 찾아보는 것
을 추천한다.

Chapter 2

신혼생활 깨도 털고
돈도 쓸어 담는 꿀팁 11

* * * * * *

01

신혼여행 가기 전 알아야 할 금융 꿀팁 5가지

결혼 준비하기는 정말 힘들지만 그래도 가장 행복한 시간 이라면 신혼여행 계획을 세울 때다. 여행 계획을 세우면서 반 드시 챙겨야 할 한 가지가 있다면 바로 '해외여행 시 챙겨야 할 금융 꿀팁'이다. 환전이나 보험, 카드 활용 계획 등을 챙기 지 않을 경우 예상치 않은 비용이나 피해가 생길 수도 있기 때문이다. 해외여행을 준비하는 여행자들이 꼭 알아야 할 금 융 꿀팁을 준비했다.

① 인터넷·모바일 앱을 이용한 환전

스마트시대에는 굳이 은행 창구를 방문하지 않아도 환전할 수 있음은 물론 비용도 절약할 수 있다. 대부분의 은행이 모바일 앱을 이용하여 환전하는 경우 환전수수료를 최대 90% 까지 할인해 주고 있다. 인터넷뱅킹·모바일 앱을 통해 환전을 신청하고 집에서 가까운 은행영업점이나 공항 내 영업점 등 본인이 원하는 곳에서 직접 외화를 받을 수도 있다. 단, 공항 내 영업점을 이용하는 경우 반드시 영업시간을 확인해야 한다. 또한 대부분의 경우 우대율을 적용한다. 특히 '일정금액 이상 환전' 등의 조건을 충족할 경우에는 무료 여행자보험 서비스 등 다양한 부가서비스도 제공하고 있다. 각 은행 홈페이지에서 적용 환율과 환전수수료율을 고시하고 있으며, 은행연합회 홈페이지에서 은행업무정보 → 은행수수료 비교 → 외환수수료 및 스프레드에 들어가 은행별 외환수수료를 비교할 수 있다.

② 해외여행자보험에 가입하여 불의의 사고에 대비

결혼식을 마친 강불운 씨는 꿈에 그리던 유럽으로 신혼여행을 갔다가 수영장에서 넘어져 다리가 부러졌다. 곧장 병원으로 가서 치료를 받았으나, 해외여행보험을 들지 않아 치료비 200만 원을 부담해야 했다. 신혼부부에게 만큼은 제발 사고가 피해갔으면 좋으련만, 어쩔 수 없는 사고는 언제 어디서나 일어날 수 있다.

해외 여행지에서 발생할 수 있는 불의의 사고에 대비하기 위해 해외여행자동차보험에 가입하는 것도 고려해 볼 만하다. 단기체류(3개월 이내) 또는 장기체류(3개월~1년 미만, 1년 이상) 등 여행기간에 맞추어 가입할 수 있으며, 여행 중 발생한 신체상해, 질병치료는 물론 휴대품 도난, 배상책임 손해까지 보상받을 수 있다. 보험가입은 손해보험회사 인터넷 홈페이지(콜센터 포함)·대리점 및 공항 내 보험사 창구에서도 가능하다. 여행지(전쟁지역 등) 및 여행목적(스킨스쿠버, 암벽등반 여부 등) 등 사고발생 위험에 따라 보험단 인수가 거절되거나 가입금액이 제한될 수 있다. 이 외에 보험가입 시 작성하는 청약서에 여행목적 등을 사실대로 기재하여야 하며 이를 위반할 경우, 보험금 지급이 거절될 수 있다는 점을 유의해야 한다. 여행자 보험은 금융소비자정보포털 사이트 '파인'의 '보험다모아' 코너에서 각 보험사의 여행자보험 상품을 비교할 수 있다.

③ 카드 결제 시 현지통화(달러, 유로 등)로 결제

해외에서 신용카드를 사용하면서 현지통화가 아닌 원화로 물품대금을 결제하는 DCC(Dynamic Currency Conversion) 서비스를 이용하는 경우 원화결제 수수료(약 3~8%)가 추가된다. 따라서 해외에서 카드로 결제할 때는 현지통화로 결제하는 것이 유리하다. DCC는 국내 카드 회원이 해외가맹점에서 물품대금을 원화로 결제할 수 있는 서비스를 말한다. 만약 결제 후 신용카드 영수증에 현지통화 금액 외에 원화(KRW) 금액이 표시되어 있다면 DCC가 적용된 것이니 취소하고 현지통화로 다시 결제해 달라고 요청하면 된다. 특히 한국에서 해외 호텔 예약사이트 또는 항공사 홈페이지 등에 접속하여 물품대금을 결제 할 때 DCC가 자동으로 설정된 곳도 있으므로 자동 설정 여부 등을 확인하고 결제해야 나중에 추가 수수료 부담을 덜 수 있다.

④ '출입국정보 활용 동의 서비스' 활용 부정사용 예방

카드사와 법무부 출입국관리국 간 출입국 관련 정보를 공유해 본인이 국내에 있으면 해외에서의 신용카드 승인을 거절하는 시스템을 운영하고 있다. 해외여행 중 부정사용이 발생하지 않았어도 본인도 모르게 카드가 위·변조되어 귀국 후 부정사용이 발생할 수 있는데, '출입국정보 활용 동의 서비스'를 활용할 경우 해외 부정사용을 예방할 수 있다. 출입국정보 활용 동의 서비스 이용 수수료는 무료이며 카드사 홈페이지 등에서 1회 신청으로 지속적인 서비스를 받을 수 있다. 이 외에 해외에서의 카드이용 조건을 직접 설정하여 해외에서의 부정사용을 방지할 수도 있다. 카드사별로 해외거래를 일시적으로 차단(해외 일시정지)하거나 맞춤형 조건을 지정하

는 등 보다 안전하게 관리할 수 있는 서비스를 운영하고 있어 이를 통해 안전한 카드사용을 계획하는 것도 좋다.

⑤ 카드 부정사용 발생 시 카드사에 보상 신청

카드 분실·도난 신고 접수 시점으로부터 60일 전 이후에 발생한 부정사용금액에 대해서는 원칙적으로 카드사에 보상 책임이 있다. 따라서 해외여행 중 카드 분실·도난으로 부정 사용이 발생한 경우 카드사에 보상신청을 하면 부정사용 금액에 대해 보상을 받을 수 있다. 다만, 고의 또는 중대한 과실로 비밀번호를 누설했거나 카드 등을 양도 또는 담보의 목적으로 제공한 경우에는 카드 이용자가 책임을 부담할 수 있는 만큼 주의해야 한다.

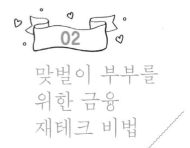

02
맞벌이 부부를
위한 금융
재테크 비법

맞벌이 부부인 강신랑 씨(연봉 3000만 원)와 권신부 씨(연봉 4000만 원)는 연간 중학생 자녀의 학원비 1200만 원을 각각의 신용카드로 절반씩 결제해 부부 모두 카드 소득공제를 받지 못했으나 학원비 전부를 연봉이 적은 강신랑 씨의 신용카드로 결제했을 경우 약 11만 원을 환급받을 수 있었음을 연말정산이 끝난 후에야 알게 됐다.

은행과 보험회사 등에는 맞벌이 부부에게 혜택이 돌아가는 많은 상품이 있기 때문에 이를 꼼꼼히 따져보고 선택할 필요가 있다. 이번에는 맞벌이를 하는 신혼부부를 위한 맞춤 금융 꿀팁을 알아보자.

① 거래 은행을 일원화하고 거래실적은 합산 요청

부부의 은행 거래실적을 합산하면 각자 현재 거래실적을 유지하더라도 부부 모두 더 많은 우대혜택을 누릴 수 있다. 은행들은 고객의 예금, 외환, 카드 거래실적에 따라 금리 우대, 수수료 면제 등 다양한 혜택을 제공하고 있다.

중요한 것은 고객의 거래실적은 부부 간 합산이 가능하며, 우대혜택은 거래실적을 합산한 부부 모두에게 적용된다는 부분이다. 그렇기에 가능하면 부부가 같은 은행을 주거래은행으로 선택하고 은행에 거래실적 합산을 요청하는 것이 은행이 제공하는 각종 우대혜택을 받는 데 유리하다.

부부 거래실적 합산은 가족관계증명서와 신분증을 갖추어 주거래은행을 방문한 후 요청하면 된다. 부부의 주거래은행이 다를 경우에는 금융소비자정보 포털사이트 '파인'에 들어가 '자동이체통합관리(페이인포)'를 클릭하여 간편하게 주거래은행을 일원화할 수 있다.

② 부부 동시 가입으로 보험료 할인

보험도 부부가 함께 가입하면 보험료를 할인받는다. 주로 여행자보험, 실손의료보험, 상해보험 등 특정 보험 상품에 부부가 동시에 가입하는 경우 보험료의 1~10%를 할인해 주는 상품을 판매하고 있다. 즉 부부를 피보험자(2인)로 하게 되면 보험료는 부부가 각자 보험에 가입했을 때보다 저렴한 할인 보험료를 내게 된다. 따라서 본인과 배우자가 동일한 보험에 가입하는 경우 가급적 같은 보험회사에 가입하고 '부부가입 보험료 할인'이 가능한지를 확인하자.

③ 연봉이 낮은 배우자의 카드로 사용하라

신용카드를 쓸 때는 부부 중 한 사람의 카드를 집중적으로 사용하면 소득세 부담을 줄일 수 있다. 카드로 결제한 금액이 연 소득의 25%를 초과하여야 소득공제를 받을 수 있기 때문에 한도를 빨리 채우는 게 중요하다. 즉, 남편이 카드 소득공제를 받기 위해서는 남편 명의로 된 카드의 결제금액이 남편 소득의 25%를 넘어야 하고, 아내가 카드 소득공제를 받기 위해서는 아내 명의로 된 카드의 결제금액이 아내 소득의 25%를 넘어야 한다. 그렇기에 일반적으로는 소득공제 문턱(연소득 25%)을 넘기 위해 배우자 중 소득이 적은 사람의 명의로 된 카드를 우선적으로 사용하는 것이 유리하다.

예를 들어, 남편 연봉이 5000만 원, 아내 연봉이 4000만 원일 때 두 사람이 아내명의로 된 카드를 우선 사용하면 소득공제 요건을 보다 쉽게 충족할 수 있다는 것이다. 남편의 소득공제 문턱은 1250만 원(5000만 원 × 25%), 아내의 소득공제 기준은 1000만 원(4000만 원 × 25%)이기에 더 손쉽게 소득공제를 받을 수 있다.

④ 연봉 차이가 크게 난다면 따져보자

반면 소득이 많은 사람의 카드를 집중적으로 사용해야 소득공제 혜택을 더 받는 경우도 있다. 맞벌이 부부의 연봉 차이가 커 소득세율 적용구간이 다른 경우다. 가령 남편 연봉이 7000만 원, 아내 연봉이 2000만 원이고, 2000만 원을 카드로 쓴다고 가정해 보자. 남편 명의의 신용카드로만 결제하면 아내 명의의 신용카드로만 결제할 때보다 약 10만 원을 더 환급받을 수 있다. 남편이 적용받는 소득세율은 26.4%(지방세 포함)지만, 아내가 적용받는 소득세율은 6.6%(지방세 포함)이기 때문이다. 이처럼 어찌 됐든, 맞벌이 부부의 경우 남편과 아내의 소득금액과 예상 카드결제금액 등을 고려한 연말 소득공제 혜택(환급금)을 잘 따져보고 부부가 사용할 카드를 선택한 후 그 카드를 집중 사용하는 것이 좋다. 참고로 가족카드의 경우 누가 사용하든 소득공제 혜택은 카드명의자가 받는다.

⑤ 부부 카드 포인트를 합산하여 사용

카드 포인트는 카드이용자 본인의 것과 배우자의 것을 합산하여 사용하는 것도 가능하다. 부부의 포인트를 합산하기 위해서는 가족관계를 입증할 수 있는 서류를 준비하여 카드사 영업점을 방문하거나 ARS고객센터로 신청하면 된다. 다만, 포인트의 양도는 같은 카드사의 포인트에 대해서만 가능하기 때문에 카드포인트 합산활용 등을 위해서는 평소에 부부가 같은 카드회사가 발급한 카드를 이용하는 것이 좋다. 참고로, 자신의 카드포인트 현황은 금융소비자정보 포털사이트 '파인'에 들어가 '포인트 통합조회시스템'을 클릭하여 손쉽게 확인할 수 있다.

⑥ 연금저축도 소득이 적은 배우자 명의로 우선 납입

연금저축의 경우 소득이 적은 배우자 명의로 납입하면 세금을 더 아낄 수 있다. 소득세 납부 근로자나 자영업자는 연간 연금저축 납입액에 대해 400만 원 한도로 세액공제를 받을 수 있다. 이때 총급여가 5500만 원 이하이면 세액공제를 더 받을 수 있다. 공제율은 총급여 5500만 원 초과 시 13.2%, 5500만 원 이하일 경우 16.5%이기 때문이다. 따라서 맞벌이 부부 중 총급여가 적은 배우자가 먼저 세액공제 한도금액까지 연금저축에 납입하는 것이 세금혜택을 받는 데 유리하다.

⑦ 혼인세액공제

혼인세액공제는 아직 공식적으로 법제화가 되지 않았지만,

지난해 도입을 검토한다고 언급하면서 관심을 끌고 있는 제도이다. 말 그대로 새롭게 결혼하는 신혼부부에게 세금을 돌려주는 제도이다. 갈수록 낮아지는 혼인율을 끌어올려 저출산 해소에 기여하고 신혼부부 소득도 증대시키겠다는 게 정부의 목표다. 적용 대상자는 총급여가 7000만 원 이하인 근로자이다. 1인당 공제액은 50만 원이기에 맞벌이 신혼부부는 최대 100만 원을 종합소득산출세액에서 공제받을 수 있다.

03
연말정산 이건
꼭 확인하자
'꿀팁 9가지'

연말정산 시즌이 되면 한국납세자연맹, 국세청 등 조세 관련 기관에서는 연말정산에서 꼭 유의해야 할 사항을 발표한다. 해마다 바뀌는 조세제도를 반영해 발표해 매년 납세자들의 관심이 쏠린다. 2018년 연말정산 유의사항 9가지를 알아보자.

① 신용카드 먼저 쓰고, 대중교통과 전통시장을 이용하자

소득공제는 총급여의 초과액부터 적용된다. 지출이 연소득 25% 도달 전까지는 할인이나 포인트 적립을 위한 신용카드로 사용하고 25%를 넘어선 순간부터는 공제율이 높은 체크카드를 사용하는 것이 유리하다. 현금과 체크카드는 30%, 신용카드는 15%가 공제되기 때문이다. 대중교통(지하철, 버스, KTX, 고속버스)을 이용하고 전통시장을 카드로 이용하면 300만 원 카드 공제한도와는 별도로 100만 원 한도에서 소득공제가 가능하다.

② 자녀가 있다면 세액공제가 된다

'자녀 세액공제'는 종합소득에서 자녀가 있는 사람에게 세금 일부를 공제해주는 것을 말한다. 자녀 세액공제는 일반세액공제, 6세 이하 추가세액공제, 출생·입양 세액공제 등 총 세 가지가 있다. 해당하는 항목에 대해서는 중복공제도 가능하다. 일반세액공제는 자녀의 수에 따라 공제액이 달라진다. 자녀 1명당 15만 원씩 공제된다. 셋째부터는 공제액이 1명당 30만 원으로 늘어난다.

'6세 이하 추가세액공제'의 경우 둘째부터 한 명당 15만원을 공제받는다. 6세 이하의 자녀는 출생 또는 입양에서 세액공제가 중복적용이 된다. 출생·입양 세액공제는 2018년부터 첫째 30만 원, 둘째 50만 원 셋째 이상은 70만 원씩 공제 된다. 다만, 자녀세액공제와 6세 미만 추가공제는 2018년 7월에 도입되는 '아동수당과 중복된다'는 이유로 2019년부터 폐지된다. 아동수당은 정부가 만 0~5세(하위 90%) 아동에게 월 10만 원을 주는 제도를 말한다. 아동수당 지급대상에서 제외된 상위 10%에 대해서는 자녀세액공제와 6세 미만 추가공제가 유지된다. 또한 자녀가 취업이나 결혼으로 인해 본인의 부양가족공제대상자가 아니어도 취업 전이나 결혼 전에 지출한 자녀의 의료비나 교육비는 공제받을 수 있고, 이혼한 전 배우자의 경우에도 이혼 전 지출한 의료비나 교육비는 공제받을 수 있다. 단, 신용카드 공제는 해당하지 않는다.

③ 국세청에서 제공하는 '연말정산 간소화 서비스' 100% 활용하자

국세청은 근로자와 회사가 편리하게 연말정산을 할 수 있는 '연말정산 간소화 서비스'를 제공하고 있다. 국세청 홈택스에 공인인증서로 접속해 소득·세액공제 증명자료를 확인해 출력하면 된다. 인터넷 접근이 곤란한 고령자·외국인 근로자일 경우 세무서에서 간소화 자료 출력 서비스를 제공하고 있다.

온라인·팩스 등으로 신청하던 부양가족의 자료 제공 동의도 올해부터는 모바일로 간편하게 신청할 수 있다. 모바일 홈택스 애플리케이션에 접속해 본인 인증 절차를 거친 뒤 자료를 조회하는 근로자를 지정하면 신청이 완료된다. 근로자와 부양가족의 주소가 다르면 공인인증서 등으로 인증을 해도 자료제공 동의 신청이 안 될 수 있다. 이 경우에는 가족관계증명서 등 가족관계를 확인할 수 있는 서류를 첨부해 온라인·팩스로 신청하거나 세무서를 방문해야 한다.

앱의 '절세주머니' 메뉴에서 각종 소득·세액공제 항목에 대한 공제요건과 방법 등을 안내받을 수 있으며 문답 형식인 '대화형 자기검증'을 통해 개인의 소득공제 항목도 확인할 수 있다.

'간편계산기', '부양가족 없는 근로자 예상세액 계산하기' 등 기능을 활용해 연말정산 예상세액을 미리 계산해볼 수도 있다. 연말정산 과정에서 어려움을 겪으면 전화 상담(국번 없이 126)도 가능하다.

④ 월세 공제 혜택을 받아보자

2018년부터는 연 월세액 공제가 10%에서 12%로 늘어났다. 월세액 공제를 신청하려면 세 가지 조건을 충족해야 한다. 먼저, 총급여가 5500만 원 이하여야 하며, 무주택 세대주, 국민주택규모 85m^2(25평) 이하의 월세여야 가능하다. 이는 임대차계약서의 주소와 주민등록증을 기준으로 한다. 월세액 공제는 집주인의 동의 없이도 가능하고, 월세계약 종료 후 3년까지 신청 가능하다. 공제 신청을 위해 필요한 증빙자료는 근로자 본인 주민등록등본, 월세 임대차 계약서 사본, 지급한 월세에 대한 증빙자료(예로, 현금영수증/무통장 입금 확인증/계좌이체 영수증/인터넷 뱅킹 거래 내역)가 필요하다.

⑤ 제출이 필요한 개인 영수증 및 서류는 모아두자

국세청이 제공하는 연말정산 간소화 서비스에 조회되지 않는 경우 사전에 증빙서류를 챙겨야 한다. 먼저 암과 치매, 난치성 질환 등 중증환자 장애인증명서와 병원에 주민등록번호를 알려주지 않은 신생아 의료비, 공제대상인 자녀나 형제자매의 해외 교육비는 연말정산 간소화 서비스에서 조회되지 않으므로, 증명서류를 챙겨서 회사에 제출해야만 연말정산 때 공제 혜택을 받을 수 있다. 특히 의료기관은 연말정산 간소화 서비스에 자료를 제출하지 않아도 제재규정이 없어 의료비 누락이 간혹 발생한다. 꼼꼼히 확인하고 누락된 경우에는 영수증을 직접 발급받아 제출해야 한다.

두 번째는 시민단체와 종교단체 등의 기부금은 일부 기부단체에서 국세청으로 자료를 제출하는 경우도 있지만 보통 자료제출 의무가 법적으로 강제되지 않아서 대부분이 연말정산 간소화에서 조회되지 않을 수 있어 확인 후 조회되지 않으면 근로자가 기부금영수증을 발급기관에서 제공받아 제출해야 한다.

세 번째로 2017년 성년이 된 자녀의 경우 연말정산간소화에서 '정보제공동의' 절차를 따로 거쳐야 근로자의 연말정산 간소화에서 자녀의 지출내용이 확인된다.

네 번째는 안경·콘텍트렌즈 구입비용, 휠체어 등 장애인보장구 구입임차비용, 중고생의 경우 교복구입비용, 취학전 아동의 경우 학원비를 교육비로 공제 받을 수 있다. 학원에 미리 요청해 제출하면 된다. 특히 작년 초등학교 1학년에 입학한 자녀가 있는 경우 초등학교 입학 전인 1~2월에 지출한 학원비도 공제 대상이 되므로 학원비 납입증명서를 놓치지 않고 제출하는 것이 좋다.

마지막으로 부모님이 만 60세 미만이라도 소득금액이 100만 원(근로소득만 있는 경우 500만 원)이 넘지 않는다면 기부금·의료비·신용카드공제 등은 가능하므로 자료제공 동의신청을 하는 것이 좋다. 이때 동의신청서에 2012년 이후의 모든 정보에 대한 제공동의 신청을 하게 되면 과거 5년간 부모님에 대해서 놓친 의료비, 신용카드공제 등을 소급하여 추가 환급받을 수 있다. 근로자와 부양가족의 주소가 다르면 공인인증서 등으로 인증을 해도 자료제공동의 신청이 안 될 수 있다. 이 경우에는 가족관계증명서를 첨부해서 세무서를 방문해야 한다.

부양가족 없는 근로자 예상세액 계산하기 기능을 활용해 연말정산 예상세액을 미리 계산해보자. 진행 중 잘 모르겠거나, 어려우면 국번 없이 126으로 전화문의하면 된다. 연말정산은 꼼꼼하게 체크해서 빠짐없이 공제받아야 한다.

⑥ 총급여액 1408만 원보다 적다면 자료를 제출할 필요 없다

연봉이(1인 가구 1408만 원, 2인 가구 1623만 원, 3인 가구 2499만 원, 4인 가구 3083만 원) 이하인 경우에는 4대보험공제와 표준세액공제만으로 결정세액이 없어 급여 때 낸 소득세를 전액 환급받을 수 있다.

또한 연봉이 많더라도 연말정산 계산기를 이용한 결과 자기만 공제받을 수 있는 보장성 보험료, 연금저축공제 등을 공제한 후 결정세액 '0원'이라면 영수증을 챙길 필요가 없다.

맞벌이 부부의 경우 한쪽 배우자에게 모든 부양가족공제를 몰아주는 게 이득이다. 또한 작년에 배우자가 퇴직해 퇴직금이 발생한 경우 퇴직소득의 경우 필요경비가 없어 퇴직금 100만 원을 초과하면 소득금액 100만 원을 초과해 공제대상이 되지 않고, 국민연금을 일시금으로 부모님이 수령했다면, 일시금으로 수령한 국민연금 또한 퇴직소득에 해당하므로 100만 원을 초과한다면 소득금액 100만 원이 초과되어 기본공제를 받을 수 없다.

다만 부모님 등 부양가족이 작년에 사망한 경우에는 올해 연말정산까지 부모님 기본공제를 받을 수 있다. 장애인 증명서상 장애기간이 2012년 1월 2일부터 2017년 1월 1일까지일 경우 2018년 연말정산까지는 장애인 공제가 가능하다.

⑦ 임금체불업체 및 부도업체 등 경영애로기업에 다니는 근로자는 기본공제만 신청하라

임금체불업체나 부도업체 등 경영애로기업의 경우, 연말정산 환급금을 보통 다른 세목의 원천징수납부세액에서 차감하는 형태로 환급을 받는다. 그런데 회사가 자금부족으로 불가피하게 연말정산 환급금을 주지 못할 수도 있다. 예컨대 2월분 근로소득세 원천징수세금이 1000만 원이고 연말정산 환급금이 900만 원이면 회사는 100만 원의 세금을 더 내야 한다. 이런 경우 근로소득자는 연말정산에 따른 환급금을 받기가 매우 어려운데, 이런 상황을 피하려면 이번 달 회사에는 소득공제서류를 전혀 제출하지 않고 기본공제만 받고 연말정산하고 5월에 소득세확정신고나 경정청구를 통해 나중에 추가 환급받으면 된다. 납세자연맹은 근로자들이 정당한 세금만 낼 권리인 절세권을 행사하기 위해서는 짬을 내어 연말정산 계산기 등을 통해 자신의 결정세액을 확인하고, 놓치는 공제가 없는지 부당공제 항목은 없는지 사전에 준비해야 한다고 강조한다.

⑧ 회사에 사생활을 노출하고 싶지 않거나 바쁘다면 추가 환급하자

본인 의료비 과다지출 또는 장애인인 사실, 대학원을 다니고 있는 사실 등을 회사에서 알게 되면 불이익을 당할까 봐 염려하는 사람도 있다. 이 외에도 외국인과 재혼한 사실, 부양가족이 장애인이라는 사실, 자녀를 혼자 키우고 있다는 사실, 배우자의 실직이나 사업부진 사실, 월세에 살고 있다는 것을 회사에 알리고 싶지 않다면 추가 환급받으면 된다. 그해 놓친 소득공제는 3월 11일 이후부터 경정청구제도를 통해 회사를 통하지 않고 5년 안에 추가 환급 받을 수 있다. 연말정산 시즌에 해외출장이나 사고, 출산 등으로 바쁠 경우에도 경정청구 세금을 모두 환급받을 수 있다. 이 경우 납세자연맹의 '과거연도 환급도우미 서비스'를 이용하면 편리하다.

⑨ 사업자등록증이 있는 부양가족 소득이 100만 원 혹은 일용직 근로자라면 필독!

배우자·부모님이 사업자등록증을 갖고 있고 수입이 어느 정도 있다면 소득금액이 100만 원을 초과하므로 기본공제대상에 포함하면 안 된다. 단 매출액이 현저히 적거나 작년에 사업을 개시한 경우에는 소득금액 100만 원이 안 될 수 있으므로 소득금액 100만 원 여부를 계산해 봐야 한다. 배우자가 다단계판매수당을 받았거나 학습지교사 등 사업소득이 있는 경우에도 역시 소득금액 100만 원 여부를 확인해야 한다. 납세자연맹의 '사업소득금액 간편계산기'를 이용하면 간단히 계산할 수 있다. 부양가족이 일용근로자인 경우 소득이 아무리 높아도 부양가족 공제를 받을 수 있다. 일용근로소득은 분리과세소득으로 소득금액 100만 원에 포함되지 않기 때문이다. 일용직 소득의 판단이 애매하다면 납세자연맹의 '소득금액 100만 원 알아보기' 코너를 이용하면 확인할 수 있다.

04

신혼부부 출산 지원 '국민행복카드' 100% 활용하기

신혼부부를 대상으로 한 정부 지원제도는 크게 출산, 육아, 근로, 주거 관련 제도로 나뉜다. 출산 관련 제도에는 '국민행복카드', 육아 관련 제도로는 '아이행복카드', 근로로는 '출산휴가, 육아휴직' 등이 있다. 한편, 신혼부부가 '버팀목 전세자금대출'과 '내집마련 디딤돌대출'을 활용할 경우 금리 등에서 우대를 받을 수 있다.

현재 우리나라는 저출산 문제가 심각하다. 그래서 지자체는 임신 가정을 위해 많은 지원금을 제공하고 있다. 임신을 확인하면서 가장 먼저 만들어야 할 것 중 하나는 '국민행복카드'이다. 국민행복카드란 건강보험에 가입한 임산부에게 임신·출산진료비를 지원했던 '고운맘카드'와 만 18세 이하 산모에게 발급되는 '맘편한카드'를 통합해 새로 출시한 카드다. 카드사에서 신용카드, 체크카드 어느 형태로도 발급 가능하다.

이 카드를 발급받으려면 '건강보험 임신·출산 진료비 지원 신청 및 임신확인서'를 산부인과 병·의원에서 발급받아야 한다. 이 확인서를 갖고 국민건강보험공단의 지사 또는 카드사에 방문해 신청하면 된다. 온라인 신청의 경우 국민건강보험공단 홈페이지에서 민원신청 - 개인민원 - 보험급여내역 - 임신 출산 진료비 순으로 메뉴를 따라가면 신청할 수 있다.

이외에 국민행복카드에 대한 안내는 전자바우처 포털이나 보건복지부 콜센터(국번 없이 129), 국민건강보험공단(1577-1000), 한국보건복지정보개발원(전화 1566-0133)에 문의하면 된다. 카드 발급과 관련한 문의는 발급하고자 하는 카드사에 전화해 상담이 가능하다.

① 얼마나 지원받을 수 있을까?

자녀 1인당 최대 50만 원, 쌍둥이 등 다태아는 2017년부터 90만 원까지 지원된다. 지원서비스는 출산 예정일 다음날부터 60일까지만 사용 가능하니 유의해야 한다. 입원·외래를 불문하고 의료급여기관에서 산부인과 진료과목으로 진료 받을 경우, 본인부담금을 지원해준다. 한의원이나 한방병원도 일부 진료에 한해 지원금을 받을 수 있다.

② 국민행복카드, 체크카드 vs 신용카드 어떤 걸로 발급하는 게 좋을까?

국민행복카드는 신용카드와 체크카드 모두 발급받을 수 있다. 카드사별 신용카드/체크카드의 혜택을 그대로 받을 수 있으므로 비교해서 선택해야 한다. 카드를 비교할 때는 할인율이나 할인대상을 비교하기보다는 통합할인한도를 먼저 비교하자. 할인율이 아무리 높아도 통합할인한도 내에서만 혜택을 주기 때문이다. 가령 10%를 할인해주어도 한도가 월 1만 원이면 2만 원의 병원비를 지출해도 1만 원까지만 할인 받을 수 있다.

출산 휴가,
얼마나 쉴 수 있고,
지원받나?

출산휴가의 정식 명칭은 '출산전후휴가'이다. 말 그대로 출산 전, 출산 후, 유산, 사산 등으로 소모된 체력을 회복하기 위해 일정 기간 동안 근로 의무를 면제하는 제도이다. 신혼부부의 대부분은 '출산전후휴가'에 대해서 알고 있다. 하지만 구체적인 혜택에 대해서 꼼꼼히 잘 알고 있는 사람은 드물 것이다. 이제부터 출산 휴가에 대해서 알아보자.

① 엄마가 되면 누구나 받을 수 있다

출산휴가는 90일(쌍둥이 이상은 120일)로 고용된 여성 노동자 '누구나' 쓸 수 있다. 비정규직이든, 정규직이든 상관없다. 고용보험에 가입 돼 있지 않아도 쓸 수 있다. 1년 이상 일하지 않아도 회사와 근로계약을 맺은 '누구나' 가능하다. 육아휴직을 하면 월급도 나온다. 최초 60일은 월급(통상임금)의 100%를 받게 된다. 통상임금은 상여금 등 일시적으로 주는 금액을 제외한 월급을 말한다. 남은 30일은 정부가 출산전후휴가 급여를 지급하는데 올해부터 최대 160만 원(작년 135만 원)까지 준다. 통상임금이 300만 원이라면 760만 원을 받게 되는 것이다. 남은 30일 동안 정부에서 지급하는 출산전후휴가 급여를 받으려면 고용보험에 가입 돼 있어야 한다. 이 경우 근로자가 임금을 받은 기간(지금 다니는 직장뿐 아니라 이전 직장 경력을 합해) 180일 이상이어야 한다. 만약 고용보험에 가입돼 있지 않더라도 최초 60일분의 급여는 사업장이 지급하게 돼 있다.

대부분 출산휴가 급여를 받게 되면 회사에 피해를 끼치는 것으로 알고 있다. 하지만 대부분은 정부가 지원해주고 있다. 기업 규모에 따라 정부 지원은 달라진다. 우선 지원 대상기업(근로자 수가 500인 이하 제조업, 300인 이하 건설·운수·창고·통신업, 기타 100인 이하 사업장)의 경우 최초 60일에 대해서 정부가 160만 원 한도 내에서 지원해준다. 만일 통상임금이 200만 원이라면 사업주는 정부 지원 금액에서 부족한 40만 원만 추가로 주면 된다.

주의해야 할 점은 90일 출산전후휴가는 몰아서 쓸 수 없다. 절반인 45일은 꼭 출산 후에 사용해야 한다. 그렇기에 출산 전에 최대한 쓰고 싶다면 출산 전에 44일, 출산일 1일, 출산 후 45일 이렇게 쓰는 것이 최선이다.

출산전후휴가 급여는 거주하는 지역이나 근무하는 사업장을 담당하는 고용센터에 신청하면 된다. 이때 사업주로부터 휴가를 받았다는 확인서와 통상임금 확인이 가능한 근로계약서를 함께 내야 한다. 신청서 제출은 출산휴가 종료일로부터 1년 이내에 신청해야 한다. 출산휴가를 시작한 뒤 한 달 뒤부터 신청 가능하다. 만일 5월 1일에 출산전후휴가에 들어갔다면 6월 1일부터 신청할 수 있다.

② 법이 있어도 사업주가 거부하면 어떡하나?

임신 노동자가 '출산전후휴가'를 신청하면 반드시 휴가를 줘야 한다. 이를 거부하면 2년 이하의 징역 또는 1000만 원 이하의 벌금을 물게 된다. 출산휴가를 갔다고 해고하는 행위도 불법이다. 출산전후휴가 기간과 그 후 30일 동안은 해고하지 못하게 돼 있다. 이를 어기면 5년 이하의 징역 또는 3000만 원 이하의 벌금을 물게 된다. 그러니 출산휴가를 썼다고 해고당했다면, 노동위원회에 부당해고 구제신청을 꼭 해야 한다. 마지막으로 출산휴가 종료 후에 사업주는 휴가 전과 같은 업무를 시키거나 비슷한 수준의 임금을 주는 직무에 복귀시켜야 한다. 이를 어기면 500만 원 이하의 벌금이 부과된다. 단, 계약직일 경우 출산전후휴가 기간에 근로계약이 만료되면 출산전후휴가도 동시에 종료된다는 점을 주의하자.

③ '임신 중 단축 근무' 제대로 알아서 야무지게 챙겨 먹자

임신 중에는 병원 갈 일이 많다. 병원 갈 때마다 반차를 내야 한다. 그런데 법적으로는 '태아검진 시간'을 주게 돼 있다. 유급으로 말이다. 임신 28주 전까지는 4주마다 1회, 29주부터 36주까지는 2주마다 1회, 임신 37주 이후부터는 1주마다 1회 사용할 수 있다. 또한, 임신 12주 이내 또는 36주 이후에 있는 여성 근로자는 하루에 2시간의 근로시간 단축을 신청할 수 있다. 사장은 반드시 이를 허용해야 하고 근로시간이 줄었다고 임금을 깎아선 안 된다. 이 제도는 상시근로자 300인 이상 사업장에는 2014년에 도입 됐으며, 상시 근로자 1인 이상 기업의 경우 2016년부터 확대 적용됐다. 정부는 그 이외 기간에 근로시간을 단축하는 임신 근로자에 대해서도 월 최대 40만 원(대체인력지원 포함 시 월 최대 100만 원)을 지원한다.

④ 남편의 출산휴가는 얼마나 받을 수 있을까?

남편은 아이가 출산한 날부터 30일 이내에 출산휴가를 사용할 수 있다. 출산준비과정 등을 고려해 출산 전이라도 5일 이내에 출산일이 포함된다면 출산휴가를 쓸 수 있다. 배우자 출산휴가 5일 중 최초 3일은 유급휴가로 인정하도록 법이 개정됐다.

정부는 남편의 육아 참여를 늘리기 위해 유급휴가는 2022년까지 3일에서 10일로 단계적으로 확대할 계획이다. 주의해야 할 점은 주말이 포함될 경우 주말도 휴가 기간으로 보기 때문에 그럴 경우 월차를 추가로 이용하는 것을 추천한다.

06
신혼부부 육아지원
'아이행복카드'
100% 활용하기

2017년 여성가족부에 따르면 자녀를 키우는 부모 10명 중 9명이 육아비용에 부담을 느낀다고 나타났다. 예비모와 만 9세 이하 자녀를 둔 어머니 총 1202명을 대상으로 실시한 조사였으며 가구당 월평균 육아비용은 107만 원으로 월평균 총 소비지출액의 3분의 1에 달하는 것으로 집계됐다. 자녀 연령별 부담액의 경우 영아기(0~3세)에는 월평균 육아비 76만8000원, 유아기(4~6세) 122만6000원, 초등 저학년(7~9세) 122만1000원이 드는 것으로 나타났다. 이처럼 영·유아기에 많은 비용이 발생하는 만큼 정부의 육아지원제도를 똑똑하게 활용할 필요가 있다.

아이행복카드란 만 0세부터 만 5세까지 취학 전 아동을 대상으로 정부에서 제공하는 보육료·유아학비 지원서비스를 이용할 수 있는 카드이다. 전국 7개 카드사와 은행, 주민센터와 온라인에서 발급받을 수 있다. 각 카드사마다 교육 관련 할인부터 병원, 교통, 외식 등 혜택이 달라 자신에게 유리한 상품을 선택해야 혜택을 십분 누릴 수 있다.

또, 가정에서 아이를 돌볼 경우에도 지원금을 받을 수 있다. 우리나라 출산율이 OECD국가 중 최하위를 차지하고 있다는 사실은 모두가 잘 알고 있다. 지난해 출산율의 경우 전년보다 0.7%포인트 하락한 1.17(가임기 여성 대비 출생아수)을 기록했다고 한다. 정부도 출산율을 높이고자 다양한 정책을 펼치고 있다. 그 중 하나가 '가정양육수당'이다. 어린이집이나 유치원에 아이를 맡기지 않고 가정에서 직접 기르는 경우 '가정양육수당'이 매월 현금으로 지급된다. 12개월 미만은 월 20만원, 24개월 미만은 15만 원, 84개월 미만은 매월 10만 원이다. 지급받는 방법은 통장사본을 지참해 가까운 주민센터를 방문하거나 '복지로(www.bokjiro.go.kr)'에서 온라인으로 신청하면 된다.

07

임산부에게
꼭 필요한 영양제
공짜로 지원받자

임산부가 영양제로써 보충해야 하는 대표적인 영양소는 엽산과 철분이다. 엽산과 철분은 임신 시 필요량이 상당히 많아져 음식만으로는 임산부가 필요한 만큼 충족하기 어렵기 때문이다. 엽산은 아미노산과 핵산의 합성에 필수적인 영양소로 태아의 세포 분열과 성장에 중요하며 신경관이 정상 발달하도록 돕는다. 임산부가 엽산 결핍일 경우 태아의 뇌와 척추에 결손이 발생하는 선천성 기형이 일어날 수 있으며, 유산이나 조산의 위험 또한 높아진다. 천연엽산이 함유된 음식으로는 녹황색 채소나 간, 콩나물 등이 있다. 하지만 음식 속 천연엽산은 조리·가공 과정에서 50~90%가 손실되기 때문에 음식만으로는 임산부의 엽산 결핍을 막기 어려울 수 있다. 임산부가 엽산제를 복용해야 하는 이유 중 하나다. 임산부의 엽산제 복용시기는 임신 전 3개월부터 임신 초기 12주까지다. 임산부 엽산복용시기 중 권장되는 엽산 섭취량은 400~600ug이다. 임신 시기별로는 임신 전 준비기간에 400ug가량의 엽산을, 임신 기간에는 600ug 정도의 엽산을 복용하는 것이 바람직하다.

엽산이 임신 전에 필수적이라면 철분은 임신 중기부터 신경 써야 하는 영양소다. 철분은 혈액을 구성하는 적혈구의 주성분으로 임산부의 빈혈을 예방하기 위해 반드시 필요하다. 뱃속 태아가 성장할수록 모체의 혈액량은 급격히 느는데, 이때 철분이 부족하면 혈액량에 비해 적혈구 수가 적어지는 데다 태아가 모체의 혈액에서 철분을 가져가면서 임산부에게 빈혈이 생긴다. 임산부 빈혈에 걸리면 어지럼증이나 두통, 무력감 등이 나타나 건강에 좋지 않으며, 출산 시 분만 시간이 길어지거나 출혈로 인해 수혈을 받게 될 수도 있다. 산후 회복 또한 늦어져 아기를 돌보는 데 어려움을 겪기도 한다. 그 때문에 전문가들은 임신 12주부터 출산 후까지 임산부의 철분제 섭취를 권장하고 있으며, 임신 20주부터는 임산부를 위해 보건소에서도 철분제를 무료로 지급한다. 1인 1개월분씩 최대 3개월까지 지원받을 수 있다. 이러한 철분제를 고를 땐 임산부의 1일 철분 권장량인 24mg을 충족하는 것으로 구입하면 된다. 임산부가 먹는 모든 것은 태아에게 그대로 전달되므로, 영양제를 구입할 때는 제품 라벨의 원재료명 및 함량을 잘 살펴보고 보다 안전하고 건강한 것으로 고를 필요가 있다.

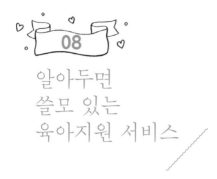

08
알아두면
쓸모 있는
육아지원 서비스

① 아이돌봄사업으로 육아 도움받자

아이돌봄서비스를 이용하기 위해서는 신청인 명의의 국민 행복카드가 있어야 한다. 아이돌봄 정부지원은 만 12세 이하 아동을 둔 맞벌이 가정에 아이돌보미가 직접 방문해 아동을 안전하게 돌봐주는 '우리 가족 행복돌보미', '아이돌봄 서비스'가 대표적이다. 여성가족부가 지원하며 가정의 아이돌봄을 지원해 아이의 복지증진과 보호자의 일·가정 양립을 통해 가족구성원의 삶의 질 향상과 양육친화적인 사회 환경을 조성하는 것이 목표다.

아이돌봄 서비스는 크게 시간제와 종일제로 나뉜다. 시간제 돌봄 서비스는 만 3개월부터 만 12세 이하 아동의 가정에 아이돌보미가 직접 방문해 아동을 1 대 1로 안전하게 돌봐주는 서비스를 제공한다. 임시보육, 놀이활동, 식사 및 간식 챙기기, 등하원 서비스 등이 대표적이다. 1회 2시간 이상 사용하는 것이 원칙이다. 맞벌이 가정, 다자녀 가정, 장애가정, 기타 양육부담 가정 등에 한하여 한 해 600시간까지 정부 지원이 가능하다. 정부지원 시 소득수준에 따라 차등 지원이 된다.

이용 대상은 만 3개월 이상 아이부터 만 12세 이하 아동까지 포함된다. 만일 정부 미지원 가정에서 이 서비스를 이용하려면 전액 본인부담으로 이용이 가능하며, 정부 지원 가정도 지원시간을 초과하면 본인 전액 부담으로 서비스를 이용해야 한다. 만일 한 가정에 돌봐야 할 아이가 2명일 경우에는 25% 할인되며, 3명일 경우 33.3% 할인받는다.

참고로 아이돌봄 시간제 서비스는 세부적으로 '일반형 돌봄 서비스'와 '종합형 돌봄 서비스'로 구분되는데, 일반형 돌봄 서비스는 시간당 7800원의 요금으로 이용할 수 있다. 종합형 시간제 서비스의 경우 일반형 돌봄 서비스에 가사 업무를 추가 제공한다는 점이 일반형과 차이가 있다. 가사노동은 돌봄아동과 관련된 가사노동이 제공되며, 시간당 1만140원으로 일반형보다 비싼 것이 특징이다. 이 서비스는 심야나 주말, 공휴일에는 추가 요금이 발생할 수 있다. 근로자·자영업자 등 맞벌이 부부의 경우 증빙하는 구비서류를 거주하는 지역의 읍·면·동 주민센터에 제출하면 더 나은 지원을 받을 수 있다. 시간제 보육 서비스 이용을 원하는 가정에서는 '아이사랑' 보육포털(www.childcare.go.kr)에 등록한 뒤 온라인, 모바일앱, 전화(1661-9361)로 사전 신청 및 예약을 통해 원하는 시간만큼 이용할 수 있다.

종일제 돌봄 서비스는 생후 36개월 이하 자녀를 대상으로 종일 보육서비스를 제공한다. 월 200시간 이하가 원칙이다. 종일제는 세부적으로 '영아종일제 돌봄서비스'와 '보육교사형 돌봄서비스'로 나뉘어 있다. 영아종일제 돌봄서비스는 월 200시간 기준 아동 1인당 120만 원으로 소득수준에 따라 정부지원금이 차등 적용된다. 정부지원시간 내에서 계약에 따라 돌봄서비스가 제공되며 1일 최소 6시간 이상 사용이 원칙이다.

보육교사형 돌봄서비스는 월 200시간 기준 아동 1인당 144만 원으로 소득수준에 따라 정부지원금이 차등 적용되며 영아의 특성에 맞춘 전문 돌봄프로그램에 따라 서비스가 제공된다. 영아종일제 서비스와 동일한 기준으로 정부지원 시간 및 지원금이 차등 지원된다.

② 그 외의 돌봄서비스

기관 파견 돌봄서비스는 만 12세 이하의 아이들에게 학교, 보육시설, 유치원 등 아동 교육·돌봄을 목적으로 설치된 기관 중 아이돌봄 서비스 희망 기관에 아이를 맡길 수 있는 서비스이다. 또한 질병감염아동특별지원은 수족구병 등 법정 전염성 질병 및 감기·눈병 등의 유행성 질병에 감염된 시설 (보육시설, 유치원, 초등학교) 이용 아동을 가정에서 보호할 수 있도록 특별 지원되는 서비스이다. 이용요금은 시간당 7800원으로 질병 완치 시까지 소득수준에 관계 없이 서비스 이용의 50%를 정부가 지원한다.

09

아이에게 장난감 대신 '부자 되는 습관'을 선물하자

가정의 달 뿐 아니라 평소 소중한 어린 자녀에게 무엇을 해줄까 고민하는 부모가 많다. 아이들의 장래를 위해 금융상품에 가입하는 것은 어떨까. 최근 금융감독원이 어린이를 위한 금융상품을 추천해 부모들의 눈길을 끈다. 이번에는 다양한 혜택이 담긴 '어린이를 위한 금융상품 5가지'를 알아보자.

① 어린이 전용 적금 및 금융바우처

대부분의 은행은 어린이들이 저축에 흥미를 느끼고 경제관념을 기를 수 있도록 통장표지를 만화 캐릭터로 장식한 어린이 전용 적금상품을 판매하고 있다. 이 상품에 가입하면 안심보험, 상해보험, 용돈관리서비스 등 부가서비스를 추가로 제공한다. 일부 은행에서는 추가 금리를 제공하기도 한다. 통장을 개설해 줄 경우 자녀가 금융거래에 친숙해질 기회를 부여하고, 부가서비스도 적용받을 수 있는 어린이 적금상품을 이용해 보는 게 좋은 방법이다. 부모가 자녀 대신 어린이 적금통장을 만들어 주고자 할 경우 필요한 준비물을 꼼꼼히 확인하고 은행을 방문해야 한다. 준비물은 가족관계증명서, 자녀 명의 기본 증명서(상세), 부모 신분증, 통장 거래에 사용할 도장 등이다. 영유아 명의로 적금상품에 가입하면 1만 원을 지원해 주는 금융바우처를 활용할 수 있다. '금융바우처'는 출산장려 등의 목적으로 일부 은행(기업은행, 우리은행, 신한은행)과 인구보건복지협회, 초록우산어린이재단 등과 협약을 맺어 부모가 자녀 이름으로 첫 통장을 만들 때 1만 원을 입금해주는 제도이다.

② 주택청약종합저축

'만능청약통장'이라고도 불리는 주택청약종합저축은 일반 적금보다 상대적으로 높은 금리를 받을 수 있고, 나중에 아파트 청약자격도 얻을 수 있는 유용한 금융상품이다. 신규가입에 연령 제한이 없어 어린이 명의로도 가입할 수 있다. 현재 국민, 신한, 우리, 하나, 기업, 농협, 대구, 부산은행에서 취급하고 있다. 다만, 주택청약종합저축의 경우 주택청약 당시 성년에 이르기 전 납입한 횟수가 24회를 초과하더라도 24회까지만 낸 것으로 인정된다.

③ 어린이펀드

올해 3월 기준으로 어린이, 아이사랑, 주니어, 꿈나무 등의 용어를 사용하고 있는 어린이펀드는 약 20개에 달하고, 전체 투자금은 9159억 원 가량이다. 자녀에게 리스크와 수익에 대해 직접 체험할 수 있게 한다는 점에서 훌륭한 투자 선생님이 된다. 또 증여 이후 펀드 투자로 발생한 수익이 증여세 부과 대상에서 제외된다는 점도 장점이다.

금융 교육 목적으로 어린이펀드에 가입한다면 자녀가 쉽게 이해할 수 있도록 투자전략과 운용구조가 단순한 펀드에 가입하는 것이 좋다. 펀드는 은행 예금과 달리 운용실적에 따라 수익률이 달라지는 실적배당상품이라는 점을 명심해야 한다. 증여목적으로 어린이펀드에 가입하더라도 해당 펀드에서 손실이 발생할 경우 자녀의 실수령액은 증여액보다 적을 수 있음을 유의해야 한다.

④ 어린이(저축)보험

어린이(저축)보험은 자녀에게 발생할 수 있는 생활위험이나 주요 질병을 보장하는 보험 상품이다. 출생 전 태아의 경우에는 특약을 통해 가입할 수 있다. 어린이보험은 가족관계 등록부상 피보험자의 형제·자매(피보험자 포함)가 2명 또는 3명 이상인 경우, 보험회사에서 정한 기준에 따라 보험료를 할인받을 수 있다. 어린이저축보험은 다른 금융상품보다 보험기간이 길고 계약 초기에 해지할 경우 불이익이 커 장기간 유지하는 것이 좋다. 교육자금 마련 등 자녀를 위한 목돈 마련을 고려한다면 어린이저축보험을 고려할 만하다. 어린이(저축)보험은 자녀에게 발생할 수 있는 골절·화상 등 생활위험이나 주요 질병을 보장한다. 보험계약을 체결한 뒤 일정 기간(5년, 7년 등) 이내에 계약 해지 시 해지 환급금이 납입한 보험료보다 적을 수 있다. 이때는 중도인출제도를 활용해 보험계약을 유지하는 것을 고려할 필요가 있다.

⑤ 체크카드

체크카드는 통장의 예금 잔액 범위 내에서만 결제할 수 있어 자녀의 합리적인 지출습관 형성에 도움이 된다. 부모가 정해진 날짜에 자녀의 통장에 용돈을 자동이체하면 자녀들은 카드대금이용명세서를 통해 자신의 지출 내용을 확인할 수 있다. 체크카드는 만 14세 이상이라면 본인 명의 계좌를 개설한 뒤 직접 발급받을 수 있다.

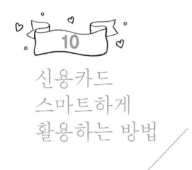

10
신용카드
스마트하게
활용하는 방법

사례 | 신혼부부 김덜렁 씨는 식당에서 특정카드로 결제를 한 뒤 10%의 할인을 받았다. 다음 달 같은 식당을 방문한 김 씨는 다시 카드 할인 혜택을 받고자 했으나 전월 이용실적 조건에 미달한다는 이유로 할인을 받지 못했다. 이후 카드사에 문의한 A씨는 지난달 할인을 받았던 이용금액 10만 원은 전월 이용실적에서 제외된다는 사실을 알게 됐다.

신용카드를 사용하는 사람이 늘면서 현대인의 삶에서 필수품 중 하나가 되고 있다. 신용카드를 만들기 전 신경 써야 할 다음 6가지 항목을 확인해 보자. 그 다음 카드를 선택한다면 똑똑한 금융소비자가 될 수 있다.

① 본인의 지출성향을 파악해라

금감원이 파악해 본 바로는 2016년 10월 현재 19개 카드사가 약 1만여 개 이상의 카드상품을 내놓고 있을 만큼, 다양한 종류의 신용·체크카드가 발급되고 있다. 이 카드들은 각기 다른 무이자 할부혜택과 부가서비스(포인트, 제휴할인 등)를 제공하고 있다. 그 때문에 카드사가 제공하는 혜택과 서비스를 최대한 활용하기 위해서는 무엇보다도 자신의 지출(소비)성향을 꼼꼼히 따져보고 카드를 선택할 필요가 있다. 즉 자신이 가장 많이 지출하는 업종이나 항목·분야에 무이자 할부혜택과 부가서비스를 많이 부여하는 카드를 선택하는 것이 유리하다. 본인이 인터넷 쇼핑몰을 주로 이용하는 소비자라면 해당 인터넷 쇼핑몰 제휴카드를 발급받아 해당 쇼핑몰 이용금액에 대한 할인서비스를 제공받는 것이 좋을 것이다. 또한 국내·외 여행 시 항공편을 많이 이용하는 소비자라면 항공사 제휴 마일리지 카드를 발급받아 신용카드 이용금액을 항공사 마일리지로 적립하여 추후 항공권 구매 시 이를 활용할 수 있을 것이다.

② 본인의 월평균 지출 규모는 얼마인가?

카드상품별로 제공하는 무이자 할부혜택이나 부가서비스를 받기 위해서는 전월 사용금액이 일정액 이상이 되어야 하는 등 일정한 조건을 충족해야 하는 경우가 많다. 본인의 소득과 이에 따른 월평균 지출규모를 감안하지 않고 본인이 원하는 종류의 부가서비스 혜택에만 매달려 여러 장의 카드를 발급받을 경우 그만큼 실적조건을 채우기 어렵게 되고 이들 부가서비스 혜택 등을 받지 못하는 결과를 가져올 수 있다. 따라서 카드를 새로 발급받을 때는 본인의 지출 규모를 고려할 필요가 있다.

③ 소득공제 vs 부가서비스

본인이 주로 사용하는 카드를 선택할 때는 '소득공제' 혜택에 주안점을 둘지, 아니면 '포인트 등 부가서비스'에 주안점을 둘지 선택할 필요가 있다. 체크카드는 신용카드보다 연말정산 시 돌려받을 수 있는 소득공제 혜택이 더 큰 반면 대체로 카드사에서 제공하는 부가서비스 혜택은 적기 때문이다. 체크카드의 소득공제율은 30%로 신용카드 소득공제율(15%)의 2배이다. 따라서 소득공제에 중점을 두는 소비자라면 체크카드를, 부가서비스에 중점을 두는 소비자라면 신용카드를 선택하는 것이 유리하다. 물론, 최근에는 카드사들이 체크카드에도 웬만한 신용카드 못지않은 부가서비스를 제공하는 상품을 내놓는 경우도 있기 때문에 체크카드 부가서비스 혜택을 꼼꼼히 살펴봐야 한다.

④ 편의성 vs 안전성을 선택하라

카드를 여러 장 보유할 경우 사용처에 따라 무료입장, 할인 혜택 등을 많이 받을 수 있지만, 제대로 관리하지 못할 경우 분실·도난에 따른 위험성이 커질 수 있다. 이미 여러 장의 카드를 보유하고 있는 경우에는 편의성뿐만 아니라 안전성 측면도 고려하여 카드를 만들 필요가 있다. 필요 이상으로 많은 카드를 발급받게 되면 계획적인 소비지출이 어려워질 수 있기 때문이다. 특히 여러 장의 실물카드 소지에 따른 불편을 생각한다면 모바일 카드를 발급받는 것도 하나의 방법이 될 수 있지만, 이 경우에도 편의성과 휴대폰 분실 시 감수해야 할 안전성을 고려해 봐야 한다. 모바일 카드는 카드사마다 발급 및 이용, 결제방식에 조금씩 차이가 있으므로 카드사 홈페이지 또는 콜센터 등을 통해 미리 알아보는 것이 좋다.

⑤ 연회비 부담을 생각하자

연회비는 카드사가 카드발급 및 배송, 회원관리, 부가서비스 제공 비용 등에 충당하기 위해 매년 일정액을 부과하는 것으로 카드에 탑재되는 부가 서비스가 많거나 고가일수록 연회비 부담도 커진다. 한 해 동안의 이용 실적 등을 고려하여 그 다음 해에 연회비가 면제되거나 새롭게 부과될 수 있다. 따라서 연회비가 비싼 카드를 발급받을 경우에는 연회비 부담과 부가서비스 활용 가능성을 충분히 감안한 후 선택할 필요가 있다. 한편, 이미 해외겸용 카드를 보유하고 있거나 해외에서 카드를 이용할 계획이 없는 경우에는 해외겸용 카드보다는 연회비가 저렴한 국내전용카드를 선택하는 것이 유리하다. 국내전용카드가 해외겸용카드보다 연회비가 2000~5000원 정도 낮다.

⑥ 상품안내장의 이용조건을 확인해라

카드사들이 사용실적을 기준으로 부가서비스를 제공하는 경우에도 일정한 경우에는 이용실적에서 제외하는 등 여러 조건을 붙이는 경우가 많다. 포인트 적립 제외 대상에 '대학 등록금, 무이자할부, 선불카드 충전금액 등'이 있거나 전월실적 제외 문구에는 '할인 받은 해당 매출 건 전체', '통합 할인한도'에는 '전월실적 60만 원 이상 시 ○○식당 이용금액 20% 할인, ○○마트 결제금액 15% 할인(월 통합 할인한도 2만 원)' 등이 적혀있다.

일반적으로 카드사들은 부가서비스 혜택 위주로 카드상품을 홍보하기 때문에 카드를 선택하기 전에 상품안내장 등에 기술된 부가서비스 이용조건을 읽어 볼 필요가 있다. 특히 포인트 적립 및 전월실적 제외 대상, 통합 할인한도 등을 꼼꼼히 살펴봐야 한다. 관련 정보는 금융소비자 정보포털 '파인'

을 이용하면 본인의 카드 포인트를 한 번에 조회할 수 있다.

위의 내용을 보고 스마트하게 신용카드를 만들었다면 이젠 신용카드 포인트를 똑똑하게 활용하는 법에 대해서 알아보자. 신용카드 포인트는 유용한 쌈짓돈이 될 수 있다.

① 자신의 소비패턴에 맞는 카드 선택

카드사에서 제공하는 포인트나 할인혜택을 최대한 활용하기 위해서는 우선 자신의 소비패턴에 맞는 카드를 자신의 주 이용 카드로 선택하는 것이 중요하다. 왜냐하면, 소비패턴에 맞는 카드를 선택하여야 포인트 적립률을 높일 수 있고, 나아가 적립된 포인트의 활용도나 할인 혜택을 높일 수 있기 때문이다. 예를 들어, 해외여행을 자주 하는 소비자는 해외가맹점 이용 시 많은 포인트를 적립해 주거나 항공마일리지 혜택을 많이 주는 카드를 선택하면 유용할 것이다. 자신의 소비패턴을 분석하는 가장 쉬운 방법은 카드대금 명세서를 확인해 보는 것이다.

한편, 평소 본인이 카드 포인트 이용에 관심이 적은 편이라면 되도록 연회비가 저렴한 카드를 발급받거나 포인트 적립 등 부가서비스가 1~2가지에 집중된 카드를 이용하는 것이 유리할 수 있다.

② 포인트·할인 혜택 이용조건 숙지

카드 포인트나 할인 혜택을 제대로 활용하기 위해서는 상품안내장이나 카드사 홈페이지를 통해 포인트 이용조건을 숙지하는 것도 필요하다. 카드사들이 포인트나 할인 혜택 이용에 여러 가지 조건을 붙이는 경우가 많기 때문이다. 특히 '전월실적 산정 시 제외대상' 또는 '포인트 적립 제외대상' 등을 꼼꼼히 확인할 필요가 있다. 예를 들면 (청구)할인받은 해당 매출 건 전체에 대해 전월실적에서 제외하는 경우 할인혜택 조건을 충족하지 못할 수 있으며, 대학등록금, 무이자 할부, 선불카드 충전금액 등은 포인트 적립 대상에서 제외하는 경우도 많다.

③ 이용조건 충족이 어려운 경우 가족카드 활용

배우자, 부모, 자녀 등이 각각 다른 카드를 이용할 경우 전월 실적 등 이용조건을 충족하기 어려운 경우가 종종 있다. 이럴 경우 가족카드로 묶어서 카드를 이용하게 되면 이용조건 충족이 용이해져 보다 높은 등급(수준)의 할인혜택 등을 받을 수 있다. 다만, 가족 간 카드 이용실적이 합산되지 않는 카드상품이 있고 가족카드의 단점도 있으므로 이 카드를 신청하기 전에 카드사와 충분히 상담할 필요가 있다.

④ '파인'에서 잔여 포인트 수시 확인

카드 포인트 유효기간은 통상 5년으로 이 기간이 지날 경우 해당 포인트가 적립된 시점부터 순차적으로 소멸한다. 신용카드 개인회원 표준약관에 따라 카드사는 포인트가 소멸하기 6개월 전부터 카드대금 청구서 등을 통해 매월 안내하고 있다. 그러나 소비자 스스로 잔여 포인트를 수시로 확인하고 소멸하기 전에 이용하는 것이 더 바람직하다. 남아 있는 카드 포인트를 확인하는 가장 쉬운 방법은 금감원이 운영하는 금융소비자정보 포털사이트 '파인'에 들어가 '카드 포인트 통합 조회' 코너를 클릭하거나, 여신금융협회 홈페이지를 방문하면 된다. 특정 카드사에 여러 개의 카드가 있어 그중 일부를 해지할 경우에도 잔여 포인트는 유지된다. 2016년 말 기준 남아 있는 카드 포인트는 2조1869억 원에 이른다고 한다.

⑤ 포인트로 '교통카드 충전' '사회기부' 등 다양하게 활용

카드 포인트는 잘만 활용하면 카드를 쓸 때마다 쌓이는 보이지 않는 돈이 될 수 있다. 그러나 포인트에 무관심하거나 마땅히 쓸 곳이 없다는 이유로 매년 소멸하는 포인트가 약 1300억 원에 이르고 있다. 2010년~2016년까지 7년간 소멸한 포인트 액수를 합하면 총 8953억 원에 달한다고 한다. 카드 포인트는 각종 상품 구매는 물론 교통카드 충전, 금융상품

가입, 국세납부, 사회기부까지 그 활용범위가 매우 넓다. 먼저 포인트는 카드사 홈페이지에서 각종 생활용품을 구매하는 데 사용할 수 있고 포인트로 카드 사용금액을 결제할 수도 있다. 또 백화점, 주유소, 영화관, 놀이공원 등 신용카드 가맹점에서 현금처럼 이용할 수 있다. 단, 포인트 사용이 가능한 가맹점 인지를 미리 확인해 둘 필요가 있다. 요즘에는 포인트로 금융 상품에 가입하고 이자까지 받을 수 있다. 포인트를 정기예금 이나 펀드로 옮기거나 대출이자 납입, 보험료 납입 등에 유용 하게 쓸 수 있다. 이처럼 카드 포인트는 잘만 활용하면 카드 를 쓸 때마다 쌓이는 보이지 않는 돈이 될 수 있다.

11

전세대출
만기 연장은
미리미리!

　신혼부부는 전세로 신혼집을 마련하는 경우가 많다. 대부분 대출을 받기에 주택전세 계약을 갱신할 때는 전세대출도 미리 잘 챙겨야 한다. 만기 연장을 여유 있게 신청하고 보증한도도 확인해두는 것이 좋다. 치솟은 전세금 탓에 보증금이 모자라면 은행에서 돈을 빌리는 게 전세자금대출이다. 전세대출은 전세계약에 연동한다. 계약 만기를 연장할 때 대출도 연장해야 한다. 전세대출은 자신의 신용 상태는 물론 집주인 동의와 보증서 발급기관 승인 등이 필요하다. 따라서 전세대출 만기 연장은 미리 신청하는 게 좋다고 금융감독원은 조언한다. 전세계약 갱신과 같은 거래는 일상적인 금융 거래와 달리 자주 있는 일이 아니다 보니 위와 같은 상황에 맞닥뜨리는 경우가 종종 생긴다. 신혼부부를 위한 '전세자금대출'에 필요한 정보를 알아보자.

① 만기연장은 만기 1개월 전에

전세자금대출의 만기연장이 필요할 경우 충분한 시간적 여유를 갖고 은행에 만기연장을 요구하는 게 좋다. 은행이 전세자금대출을 이용 중인 고객의 만기연장 심사 시 고객의 신용 상태 확인뿐만 아니라 집주인의 동의와 보증서 발급기관의 기한연장 승인이 필요하기 때문에 일반적으로 신용·주택담보대출과 비교해 만기연장 심사에 많은 시간이 걸린다. 특히 은행은 전세자금대출 만기연장 확정 전에 실제 전세계약이 만기연장 되었는지를 집주인으로부터 확인받으므로 사전에 집주인에게 은행에서 연락이 갈 수 있음을 알려주면 만기연장이 좀 더 원활하게 진행될 수 있다.

② 전세재계약은 집주인과 함께

은행은 전세자금대출 만기연장 시 정당한 전세계약 체결 여부를 확인하기 위해 갱신한 계약서 원본에 집주인이 직접 서명했는지를 확인하고, 대리인과 체결할 경우 대리관계를 명확하게 증명할 수 있는 서류를 요구한다. 따라서 집주인의 대리인과 갱신계약서를 작성해야 할 경우 반드시 대리인 관련 서류를 받아 두어야만 전세자금대출 만기연장이 가능하다.

③ 집주인의 주택담보대출을 위한 전출 요구 시 신중히 결정

집주인이 주택담보 대출이 필요하다며 전세자금 대출을 받은 세입자에게 주민등록상 일시 전출을 요구할 경우 주의가 필요하다. 은행들은 보통 주택담보대출에 따른 근저당권 설정금액과 전세대출금액을 합쳐 주택 가격의 80%를 넘지 않아야 전세대출을 연장해주기 때문이다. 만일, 전입신고가 주택담보대출의 근저당권(장래에 생길 채권의 담보로서 일정한 금액을 한도로 저당권을 미리 설정할 수 있는 권리) 설정일보다 늦으면 대항력이 상실돼 전셋집에 경매가 진행될 경우 전세보증금을 회수하지 못할 수도 있다.

④ 전세 보증금 증액 시 최고한도 확인을

전세자금대출은 상품별로 전세 보증금의 최고한도가 정해져 있다. 재계약 시 증액된 전세 보증금이 최고한도보다 높을 경우 만기연장이 제한된다. 일부 전세자금대출은 전세 보증금의 최고한도를 초과해도 1회에 한해서는 연기가 가능한 경우도 있기 때문에 전세만기 시 집주인이 보증금 증액을 요청할 경우 사용 중인 전세자금대출 만기연장이 가능한지를 사전에 은행에 확인해보는 게 좋다.

⑤ 25평(85㎡) 이하 주택 세입자는 소득공제 신청을!

전세자금대출을 이용 중인 소비자가 특정 요건을 충족하면 연 300만 원 한도 내에서(원리금 납부액의 40%) 소득공제 혜택을 받을 수 있다. 2016년 말 기준 △무주택 가구주인 근로소득자 본인 명의로 계약하고 대출 △국민주택 규모(85㎡) 이하 △대출금 임대인 계좌 입금이 요건이다.

⑥ 집주인이 전세금을 올려달라고 한다면?

보증금 1억 원짜리 전셋집에 살고 있는 신혼부부에게 얼마 전 주인은 전세금 1000만 원을 올려달라는 통보를 한다. 이럴 때는 어떻게 해야 할까? 전세나 월세 세입자는 주택임대차보험법이라는 법에 보호를 받는다. 이 법에 따르면 계약 기간 만료 6개월 전까지 집주인으로부터 아무 말도 없으면 이전 계약과 같은 조건으로 재계약이 이루어진 것으로 본다. 계약 기간에는 집주인이 보증금을 올려달라고 요구할 수 있지만, 보증금의 5%까지만 올릴 수 있다. 그렇기에 올려준다고 해도 500만 원만 올려줘도 된다. 만일 보증금을 올린 날로부터 1년 내에는 다시 보증금을 올리면 불법이다. 주의해야 할 점은 계약이 끝나가는 6개월 전에서 1개월 전에 보증금을 올려달라고 하는 경우다. 이때는 재계약 조건으로 볼 수 있기에 1000만 원을 올려달라고 하면 올려줘야 한다. 거부하면 재계약은 이루어지지 않고 세입자는 이사준비를 해야 한다. 일반적으로 전세계약 기간은 2년이다. 2년 이하로 계약하고 싶은 경우, 집주인과 세입자의 합의하에 그렇게 할 수도 있다. 하지만 2년 이하로 계약했더라도 계약자가 2년 동안 살고 싶다고 하면 집주인은 그에 따라야 한다. 또 전세계약이 끝나기 전에 이사 하고 싶다면 그것도 가능하다. 다만 이 경우 살던 집을 다른 사람에게 소개할 때 드는 부동산 중개비를 내야 한다.

Chapter 3

신혼부부를 위한
똑똑한 은행 사용 꿀팁 9

* * * * * *

01

알아두면
쓸모 있는
은행 용어

신혼부부가 가장 걱정하는 것 중 하나가 신혼집 마련일 것이다. 지난 2월 한국경제신문이 부동산 전문가 31명을 대상으로 한 '설 이후 부동산시장 전망' 설문조사에서 응답자의 대부분은 현재 부동산시장이 과열 상태라고 답했다. 신혼집 문제는 결혼 비용을 상승시키는 주범이다. 현재 신혼집 마련을 계획 중이라면 2018년 1월부터 시작된 '신DTI(총부채상환비율)'와 하반기에 확대 시행 예정인 'DSR(총부채상환비율)'에 관심 가질 필요가 있다.

지금부터 올해 도입되는 신DTI와 DSR 등 주요 은행 용어에 대해서 알아보자.

① 신(新)DTI란?

먼저, 신DTI(Debt to Income)가 올해 1월부터 본격적으로 적용됐다. 신DTI는 이미 받아놓은 주택담보대출의 원금까지 합쳐 DTI비율을 산정하는 제도다. 쉽게 말해 DTI는 주택을 구입하려는 수요자의 소득을 고려해 주택담보대출 한도를 정하는 방식이었다면, 신DTI는 기존에 보유하고 있는 주택담보대출의 원금 상환액까지 합쳐서 따진다. 큰 차이는 '갚을 돈'까지 부채로 산정하는 방식이다. 주택담보대출이 2건이면 2건의 원금을, 3건이면 3건의 원금을 모두 합쳐 계산한다는 말이다. 즉 주택을 여러 개 보유한 다주택자들의 추가 대출이 어려워지는 셈이다. 다만, 청년층·신혼부부 등에 대한 장래소득 인정 시 일반 대출신청자보다 증액 한도를 상향 조정하고 이사 등 불가피한 목적으로 일시적 2주택담보대출을 보유하게 된 대출자에 대해 규제를 완화하는 등 선의의 서민과 실수요자는 최대한 보호한다.

신DTI의 핵심은 기존 대출자의 추가 대출은 줄이고, 청년·신혼부부 등의 대출 금액은 늘리는 것이다. 가계부채와 집값 상승을 잡겠다는 정부의 의지 표현인 셈이다. 아울러 신DTI는 대출자의 연간 소득을 현재 소득이 아닌 장래 소득까지 감안해 산정한다. 장래 소득이 오를 것으로 예상되면 그만큼 대출을 증액해 준다. 신DTI 산정 방식은 ((모든 주택담보대출 원리금+기타대출이자)/연 소득)이다.

② DSR(총부채원리금상환비율)이란?

신DTI와 함께 올 3월 26일부터 도입된 총부채원리금상황비율(DSR)은 대출자의 모든 채무와 소득을 따져 원리금을 얼마나 잘 갚을 수 있는지 측정하는 지표다. 다시 말해 신DTI가 기존 주택담보대출 원리금 상환액만 포함한 것과 달리 DSR은 기존 주택담보대출뿐만 아니라 마이너스통장, 신용대출, 자동차 할부, 카드론 등 금융권 모든 대출의 '원리금' 상환액까지 고려하는, 신DTI보다 강력한 규제라 할 수 있다. DSR은 6개월 동안 시범 적용되면서 주택담보대출(주담대)과 신용대출 등 비주담대 대출 심사의 보조지표로 쓰인다. DSR은 은행권에서 제2금융권으로 순차적으로 활용될 전망이다. DSR의 기본 계산식은 모든 대출의 연간 원리금 상환액을 연간 소득으로 나눈 값이다. 1년에 갚아야 할 원금이 1500만 원, 이자가 500만 원이고 소득이 5000만 원이면 DSR은 40%이다.

③ LTV(주택담보인정비율)란?

주택담보대출비율이란 은행들이 주택을 담보로 대출을 해줄 때 적용하는 담보가치 대비 최대 대출가능 한도를 말한다. 즉, 집을 담보로 은행에서 돈을 빌릴 때 집의 자산가치를 얼마로 보는가의 비율을 말하며, 보통 기준시가가 아닌 시가의 일정 비율로 정한다.

예를 들어, 주택담보대출비율이 60%라면 시가 2억 원짜리 아파트의 경우 최대 1억2000만 원까지만 대출해주는 셈이다. 하지만 실제로 대출받을 수 있는 돈은 이보다 더 적은 것이 보통이다. 돈을 갚지 않아 담보로 잡은 주택을 경매 처분하는 때를 대비해, 방 1개당 소액임차보증금을 빼고 대출해 준다. 주택임대차보호법에 따라 세입자에게 우선권이 주어지기 때문이다. LTV 산정방식은 ((주택담보대출금액+선순위채권+임차보증금 및 최우선변제 소액임차보증금)/담보가치)이다.

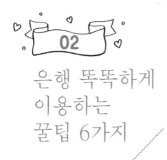

02

은행 똑똑하게
이용하는
꿀팁 6가지

이번에는 '알아두면 유용한 은행 서비스'에 대해 찾아보자. 은행은 재테크에 관심이 없는 사람도 모두 이용하는 금융의 기본 중 기본이다. 맞벌이로 바쁜 신혼부부들에게 희소식이 있다면 은행의 디지털 기반의 비대면 금융서비스가 점점 강화되고 있다는 점이다. 4차산업혁명까지는 아니더라도 은행의 편리한 서비스를 제대로 이용하면 생활이 매우 여유로워진다. 하지만 일반 고객들이 은행이 제공하는 서비스를 모두 숙지하기란 쉬운 일이 아니다. 은행의 서비스를 편안하게 즐길 방법은 의외로 많은 수고를 필요로 하지 않는다.

은행을 100% 편리하게 이용할 수 있는 6가지 팁을 자세하게 알아본다.

① 입출금내역 알림서비스

'입출금내역 알림서비스'는 고객의 계좌에서 입출금거래가 있으면 그 내역을 즉시 해당 고객에게 알려주는 서비스로, 은행에서 신청하면 된다. 단, 이 서비스는 휴대폰 문자 전송방식으로 제공되기 때문에 소정의 수수료를 부담할 수 있다. 또한 은행은 계좌 비밀번호 변경, 통장 분실재발급 등 주요 거래가 발생할 경우에도 은행에 등록된 고객의 휴대폰 번호로 이를 통지해주는 서비스를 제공하고 있다. 따라서 본인의 휴대폰 번호가 변경될 경우에는 은행에도 변경 사실을 알려야 한다. 수수료가 발생하는 입출금내역 알림서비스의 비용이 부담된다면 은행 전용 앱을 사용하면 된다. 일부 은행(KB국민은행, 농협, 우리은행, 신한은행, 하나은행 등)에서는 자사의 앱이나 알림 서비스 지원용 앱을 통해 무료로 고객에서 입출금내역을 전송하는 서비스를 제공한다.

② 자동이체 및 예약이체서비스

'자동이체 서비스'는 월세 송금처럼 주기적으로 일정 금액을 이체할 필요가 있을 때 매번 이체신청을 하지 않아도 계좌에서 일정 금액을 특정 계좌로 자동이체 해주는 서비스다. 주기적으로 같은 금액을 같은 계좌에 이체하고자 하는 소비자는 거래은행에 '자동이체 서비스'를 신청하면 된다. 또한, 특정일에 잊지 않고 한번 자금을 이체할 필요가 있다면 예약된 날짜에 자금을 이체해주는 '예약이체 서비스'를 이용하면 편리하다.

③ 무통장·무카드 인출서비스

'무통장·무카드 인출서비스'는 통장이나 카드 없이도 ATM 에서 예금인출 및 이체거래를 할 수 있는 서비스다. 사전에 은행창구에서 '무통장·무카드 인출서비스'를 신청하면 된다. 무통장·무카드 인출서비스는 신청 시 본인이 인출한도와 이체한도를 설정하는 것도 가능하다. 단, 다른 은행의 ATM에서는 이용이 제한된다.

④ 이체한도 초과 증액서비스

'이체한도 초과 증액서비스'는 고객의 인터넷뱅킹 계좌이체 한도를 약관 등에서 정해놓은 한도보다 많은 금액을 이체할 수 있도록 해주는 서비스다. 주택 전세·매매 거래 등의 경우와 같이 인터넷뱅킹의 계좌이체 한도보다 많은 금액을 이체할 필요가 있는 경우, 미리 은행 영업점을 방문하여 이체한도 증액을 신청해 놓으면 이체 당일에 영업점을 방문할 필요 없이 편리하게 인터넷뱅킹으로 큰 금액을 이체할 수 있다. 1일 및 1회 이체 한도는 은행마다 다르게 적용하고 있으며,

OTP가 아닌 보안카드 이용자는 동 서비스 이용에 제한이 있을 수 있으므로 미리 은행에 문의하는 것이 좋다.

⑤ 다른 은행 자기앞수표도 현금 교환 가능

'타행 자기앞수표 현금 교환서비스'는 은행에서 발급한 정액권 자기앞수표를 즉시 현금으로 교환해주는 서비스다. 보유 중인 자기앞수표를 즉시 현금화해야 할 때 근처에 자기앞수표를 발행한 은행 영업점이 없는 경우에도 이 서비스를 통해 다른 은행의 영업점에서 정액 자기앞수표를 즉시 현금화할 수 있다. 단, 수수료가 발생할 수 있으므로 사전에 수수료 확인 후 현금으로 교환하는 것이 좋다.

⑥ 증명서 인터넷 발급서비스

'증명서 인터넷 발급서비스'는 금융거래확인서, 부채증명서 등을 은행창구 외에 인터넷으로도 발급하는 서비스다. 금융거래확인서, 부채증명서 등 증명서가 필요한 소비자의 경우, 인터넷뱅킹에 가입했다면 은행창구를 방문하지 않더라도 인터넷으로 증명서 발급이 가능하다. 또한, 인터넷뱅킹을 통해 통장표지 출력도 가능하다. 회사 등에서 급여계좌 등록을 위해 통장표지를 요구할 경우 인터넷으로 통장표지를 출력하여 제출하면 된다.

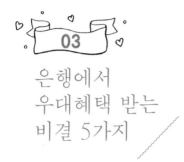

은행에서
우대혜택 받는
비결 5가지

신혼부부 권우대 씨는 후배와 함께 급여가 이체되는 은행에 환전하러 갔다가 기분이 상했다. 해당 은행의 주거래고객으로 등록된 직장후배는 환율우대를 받아 권 씨보다 적은 수수료를 냈기 때문이다. 이처럼 각 은행은 고객의 예금, 외환, 신용카드 거래실적에 따라 기여도를 산출하고 이를 기준으로 금리우대, 수수료 면제 등과 같은 다양한 혜택을 제공하고 있기 때문이다. 어떻게 하면 은행에 우대혜택을 받을 수 있을까?

① 주거래 고객제도 이용
주거래 고객으로 등록되어 해당 은행이 제공하는 다양한

우대혜택을 받기 위해서는 여러 은행을 사용하기보다 하나의 은행으로 금융거래를 집중하는 것이 현명하다. 여러 은행을 이용하고 있다면 2015년 10월부터 시행 중인 '계좌이동서비스'를 이용하여 쉽고 간편하게 거래은행을 옮길 수 있다.

② 가족실적 합산 요청

은행들은 고객과 가족이 동의할 경우 거래실적을 합산하여 우대혜택을 제공하고 있으며 이 혜택은 가족 모두에게 동등하게 제공된다. 거래실적 가족합산을 신청하려면 주민등록등본(또는 가족관계증명서), 신분증을 구비해 거래은행의 창구에서 요청하면 된다.

③ 본인에게 맞는 통장으로 변경

은행들은 직업, 연령 등에 따라 필요한 혜택을 받을 수 있는 다양한 입출금 통장상품을 판매하고 있다. 청소년의 경우 '청소년 통장'에 가입하면 이체수수료 면제 및 환율우대를 받을 수 있으며 연금수령자가 '연금통장'에 가입하면 금리우대 혜택 및 창구수수료 면제 등의 혜택을 이용할 수 있다. 따라서 본인에게 가장 유리한 통장으로 전환하거나 신규로 개설하여 다양한 우대혜택을 누리는 것이 좋다.

④ 전자통장 이용

주로 인터넷(모바일) 뱅킹을 통해 금융거래를 하는 소비자라면 전자통장을 이용하는 것이 더 많은 우대혜택을 누릴 방법이다. 은행은 전자통장에 가입하는 고객에 대해 수수료 감면, 금리우대뿐 아니라 무료 보험서비스 가입 등 다양한 혜택을 제공하고 있다.

⑤ 예·적금 담보대출 활용

은행들은 예·적금을 든 고객에 대해서는 예·적금을 담보로 상대적으로 저렴한 금리의 대출서비스를 제공하고 있다. 따라서 긴급하게 자금이 필요한 경우 신용대출보다는 예·적금 담보대출을 활용하는 것이 좋다. 예·적금 담보대출은 은행창구와 인터넷(모바일)뱅킹에서 신청할 수 있다.

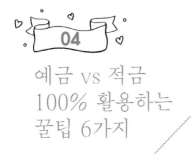

04
예금 vs 적금
100% 활용하는
꿀팁 6가지

예금이란 정기예금을 말한다. 금융기관에 목돈을 한 번에 넣어두고 계약 기간까지 예치하는 것을 말한다. 즉 목돈을 한 번에 넣어두고 운용하는 특징이 있다. 이에 반해 적금은 주로 정기적금을 의미한다. 매월 일정한 금액을 계약 기간까지 납입하는 통장이다. 우리가 목돈을 만들기 위해 매월 꾸준히 저축하는 적금통장을 생각해보면 쉽다. 그렇기에 일반적으로 재테크는 적금으로 목돈을 모아서 만기 이후 적금 금액을 예금으로 옮겨 이자 혜택을 받는 게 유리하다.

지금부터 은행 예·적금 관련 유용한 서비스 6가지에 대해 알아보자.

① 예·적금 만기일 임의지정 서비스

은행들은 정기예금 만기를 월 또는 연 단위로만 정하지 않고 소비자가 직접 만기일을 지정할 수 있도록 하고 있다. 정기예금에 가입할 경우 월 단위로 가입하지 않고 자금이 필요한 날짜를 만기로 지정하면 해당기간에도 정기예금 금리를 적용받을 수 있다. 예를 들어, 2018년 3월 24일에 정기예금에 가입하면서 만기일을 2019년 5월 5일로 지정할 수 있다.

② 예·적금 자동 해지 서비스

은행은 예·적금 만기일에 고객이 은행 영업점을 방문하지 않더라도 예·적금을 해지하고 원금과 이자를 고객이 원하는 계좌에 입금해주는 예·적금 자동해지 서비스를 제공한다. 따라서 해외이주 등 불가피한 사정으로 예·적금 만기일에 은행을 방문하기 어려운 소비자는 계좌개설 시 또는 만기일 이전에 예·적금 자동해지 서비스를 신청하면 예·적금 만기일에 영업점 방문 없이 원금과 이자를 원하는 계좌로 편리하게 입금 받을 수 있다.

③ 정기예금 자동 재예치 서비스

은행들은 정기예금 만기일에 고객이 은행 영업점을 방문하지 않더라도 정기예금을 해지해 이자는 고객이 원하는 계좌에 입금해주고 원금은 동일한 상품으로 재예치해주는 정기예금 자동 재예치 서비스를 제공하고 있다. 또한 재예치 시 원금과 이자 모두 재예치하는 것도 가능하다(단, 특별판매 상품 등 일부 정기예금은 재예치가 불가할 수 있으며 원금 일부만 재예치하는 것은 불가). 따라서 예·적금 만기 시 은행 방문이 어렵거나 특별히 원금과 이자를 찾고 싶지 않을 때에는 은행에 자동 재예치 서비스를 신청하면 된다. 만약, 재예치 신청을 하지 않고 놔둘 경우 만기 이후에는 약정금리보다 낮은 금리를 적용받으므로 이자에서 상대적으로 손해를 볼 수 있다.

④ 정기예금 일부해지 서비스

은행들은 정기예금을 해지하지 않고 예치한 원금 중 일부만 찾아갈 수 있는 정기예금 일부해지 서비스를 제공하고 있다. 따라서 긴급하게 자금이 필요할 경우 정기예금을 해지하지 않고 필요한 금액만큼만 인출해 갈 수 있다. 이러한 정기예금 일부해지 서비스를 이용할 경우에는 자금을 이용하는 기간, 정기예금의 만기일까지 남은 기간 등을 고려해 예금담보대출과 비교해 보고 본인에게 유리한 방법을 선택하여 이용하는 것이 좋다. 만약, 본인에게 유리한 쪽을 정확하게 계산하기 어려울 경우, 은행에 방문하여 직원에게 일부해지와 담보대출에 대한 비교를 요청하면 된다.

⑤ 예·적금 만기 시 휴일 전·후 선택 서비스

은행들은 예·적금 만기일이 휴일인 경우 직전 영업일에 해지하면 중도에 해지하는 것이 아닌 만기에 해지하는 것으로 보고 상품 가입 시 약정한 금리로 이자를 지급하고 있다. 다만, 만기일을 앞당겨 해지하는 경우에는 일수를 계산하여 이자를 지급한다. 따라서 예·적금 만기일이 휴일인 경우 휴일 전 영업일과 다음 영업일 중 본인에게 유리한 날을 선택해 해지할 수 있다.

⑥ 보안계좌 서비스

은행들은 창구에서만 거래할 수 있고 인터넷뱅킹 등에서는 거래를 제한하는 일명 '보안계좌 서비스'를 제공하고 있다(은행창구 전용계좌 서비스는 예·적금 이외에 일반입출금 계좌에도 적용 가능). 따라서 인터넷뱅킹 등을 통한 금융사고가 불안한 경우 보안계좌 서비스를 신청하면 은행창구에서만 거래할 수 있다. 다만, 보안계좌를 등록한 경우 계좌통합관리서비스(어카운트인포)와 계좌이동서비스(페이인포)에서 조회가 되지 않게 되어 해당 서비스를 이용할 수 없다는 점을 유의해야 한다.

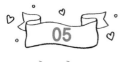

05
예·적금
수익률을 높일 수 있는
꿀팁 8가지

사례 | 신혼부부 김사랑 씨는 신혼집 마련을 위해 저축을 결심했다. 요즘은 저금리시대라 은행 예·적금 이자율이 워낙 낮기 때문에 은행이나 예·적금 상품을 고른다는 것이 큰 의미가 없다고 보고 점심시간에 직장에서 가까운 A은행 점포에 들러 월 50만 원씩 납입하는 만기 3년짜리 정기적금에 가입했다. 그런데 김 씨가 3년 후 만기가 돌아와 적금을 찾고 보니 비슷한 시기에 비슷한 금액을 저축한 직장동료와 비교해 이자수익이 20만 원 이상 차이가 나는 것을 보고 깜짝 놀랐다. 알고 보니 동료는 자신의 월급 등이 이체되는 주거래은행에서 특별판매하던 정기적금을 온라인으로 가입하면서 은행이 제공하는 추가 우대금리 혜택까지 받았다는 걸

알게 됐다.

다음에 제시하는 예·적금 수익률을 높일 수 있는 8가지 꿀팁을 적극 활용하여 저금리시대에 높은 이자혜택을 누려보자.

① 가장 유리한 예·적금 상품을 선별하라

저금리시대 예·적금 수익률을 높일 수 있는 꿀팁은 금융포털 '파인'에 들어가 예·적금 상품을 비교해보는 일이다. '파인'에선 현재 은행서 판매 중인 1000개가 넘는 예·적금 상품을 한눈에 비교해볼 수 있다. 자신에게 적합한 예금 또는 적금 상품을 2~3개 고른 후 해당은행 점포나 홈페이지를 방문해 최종 선택을 하면 시간과 수고를 확 줄일 수 있다.

② 특판 예금과 적금 판매 여부 확인

은행들은 유동성 관리, 신규 고객 유치 등을 위해 기본 금리에 추가 우대금리를 제공하는 특별판매(특판) 예·적금을 수시로 판매하고 있으므로 이를 확인해보는 것이 좋다. 특판 예·적금은 은행들이 기간을 정해놓고 판매하므로 가입하려는 시점에 특판 예·적금 판매여부를 은행 영업점에 문의하거나 인터넷 검색 등을 통해 확인한 후 해당 상품을 가입하면 더 많은 예·적금 이자를 받을 수 있다.

③ 주거래 은행에 추가 우대금리 혜택 문의

은행들은 예·적금 가입 시 해당 고객의 예금, 외환, 신용·체크카드, 자동이체 등 거래실적에 따라 추가 우대금리를 제공하고 있다. 따라서 금융거래를 여러 은행으로 분산하기보다 한 은행으로 집중할 경우 더 많은 이자를 받을 수 있으며 주거래 은행에 예·적금에 가입할 때는 추가 우대금리 혜택을 적용받을 수 있는지 확인할 필요가 있다. 자동이체 등록 실적에 따라 추가 우대금리가 적용되는 경우, 계좌이동서비스를 이용해 자동이체 출금계좌를 변경하면 손쉽게 추가 우대금리 혜택을 받을 수 있다.

④ 온라인 전용상품을 이용해라

은행들은 일반적으로 창구에서 가입하는 예·적금보다 온라인(인터넷 또는 모바일) 전용상품에 높은 금리를 적용하고 있다. 모든 은행 창구에서 온라인 전용 상품에 대한 상담과 가입절차, 조작방법에 대해 안내받을 수 있으므로 이를 적극 활용하는 것이 좋다.

⑤ 비과세 종합저축을 활용하자

만 63세 이상인 경우 비과세 종합저축으로 예·적금에 가입하면 최대 5000만 원 한도 내에서 세금을 내지 않고 이자를 받을 수 있다. 고령자의 경우 예·적금 가입 시 비과세 종합저축 가입요건에 해당 되는지 확인해 볼 필요가 있다.

⑥ 자유적립식 적금을 활용해라

정기예금에 들기보다는 자유적립식 적금에 가입하는 것이 현명한 선택일 수 있다. 대개 금리 수준은 정기적금〉자유적립식 적금〉정기예금 순이다. 따라서 정기예금에 가입하려는 금액 중 일부금액을 자유적립식 적금에 분할하여 가입하는 경우 정기예금만 가입하는 것보다 더 많은 이자를 받을 수 있다.

⑦ 긴급자금 필요하면 예·적금 담보대출 고려하자

긴급하게 자금이 필요할 경우 무조건 예·적금을 중도 해지하는 것보다 담보대출을 받을 경우와 비교해 보고 유리한 쪽을 선택하는 것이 바람직하다. 은행 창구뿐만 아니라 인터넷(모바일)뱅킹으로도 신청할 수 있다.

⑧ 만기가 된 예·적금은 바로 인출

예·적금의 약정금리는 원칙적으로 가입 시부터 만기까지만 적용되며 만기 경과시점부터는 '만기 후 금리'가 적용된다. 만기 후 금리는 약정금리보다 50%이상 낮고 기간이 경과할수록 더욱 낮은 금리가 적용되므로 만기 시에는 바로 찾고 다시 예·적금에 가입하는 것이 수익률 측면에서 유리하다. 추가 우대금리를 주는 특별판매(특판) 상품인지도 살펴봐야 한다. 특판 상품의 경우에는 은행에서 수시로 판매하는 상품이어서 금리비교 사이트에 게시되지 않기 때문에 직접 은행에 문의하거나 인터넷·모바일로 찾아보는 수고를 들여야 한다.

06
대출이자
부담 줄이는
6가지 작전

사례 | 신혼부부 김대출 씨는 자금이 필요해 현재 주택담보
대출을 이용 중인 A은행 영업점에 방문해 신용대출을 받았
다. 그러던 중 우연히 인터넷 뉴스를 통해 회사 주거래 은행
인 B은행에서 제공하는 특별신용대출의 금리가 더 낮은 것
을 확인하고 아쉬워했다.

이처럼 은행의 대출금리를 할인받는 것은 재테크를 위해
무엇보다 중요할 수 있다. 기울이는 노력은 적은데 반해 내야
하는 기간은 20~30년이다. 이번에는 대출이자 부담 줄이기
6가지 방법을 알아보자.

① 대출 금액·기간 신중히 결정하자

은행에서 대출을 받은 소비자는 자금을 이용한 날짜만큼 이자를 부담해야 하며, 만약 이자 납부일에 이자를 내지 못한다면 연체이자를 추가로 부담해야 한다. 또 대출 후 일정기간이 지나지 않은 상태에서 자금에 여유가 생겨 원금의 일부 또는 전부를 대출 만기 이전에 상환할 경우 중도상환수수료를 부담하게 된다. 그러므로 대출을 받기 전에 대출금액과 대출기간, 매월 납입 이자, 원금 상환가능 금액 등을 꼼꼼히 따져보고 본인에게 꼭 필요한 자금과 기간만큼만 대출을 받는 것이 대출이자 부담을 줄이는 요령이다.

② '파인' 접속해 유리한 대출상품 선별해라

은행들은 신용대출, 주택담보대출, 전세자금대출, 예금담보대출 등 다양한 종류의 대출상품을 판매하고 있으며, 각 대출상품마다 적용되는 금리와 거래조건도 다르다. 그러므로 대출을 받을 때는 다양한 대출상품의 금리나 상환기간 등 거래조건을 꼼꼼히 비교해 보고 본인에게 가장 유리한 대출상품을 선택할 필요가 있다.

수많은 대출상품의 금리 등 거래조건을 가장 쉽게 비교하려면 금융소비자정보 포털사이트 '파인'에 들어가 '금융상품 한눈에' 코너를 클릭하면 쉽게 확인할 수 있다. 인터넷 '네이버'나 '다음'에서 파인을 검색하면 접속 가능하다.

'금융상품 한눈에'에서는 은행별 주요 대출상품의 금리수준과 거래조건 등에 대한 기초정보를 쉽게 확인할 수 있다. 대출이 필요한 소비자는 '파인'에서 본인에게 적합한 대출상품 2~3개를 선별한 후, 해당은행 점포나 홈페이지를 방문하여 금리 등 보다 구체적인 대출조건을 확인하고 최종적으로 대출상품을 선택하는 것이 좋다. 또한 은행들은 특정조건을 충족하는 고객에 한하여 우대금리를 적용하는 특별대출상품을 판매하고 있다. 예를 들면 공무원(소방, 경찰전용 등), 교직원, 개인택시 사업자, 어린이집 선생님, 신혼부부, 간호사, 농업인, 법조인, 군인, 자동차구입자금, 인테리어 자금 등이다. 대출 신청 전에 특별우대금리를 적용받을 수 있는 대출상품이 있는지 여부를 은행에 확인해 볼 필요가 있다. 특히, 은행은 특정 회사와 계약을 맺고 해당 회사의 임직원에게 금리감면 혜택을 적용하는 경우도 있는 만큼, 직장인의 경우에는 재직 중인 회사의 주거래 은행에 특별우대금리를 적용하는 대출상품이 있는지를 문의해 볼 필요가 있다.

③ 대출은행에 거래 집중해 금리감면조건 충족해라

은행들은 대출 약정 시 해당 고객의 예금, 신용·체크카드 이용, 자동이체 등 거래실적에 따라 금리를 감면하고 있다.

예를 들어 전월 신용·체크카드 30만 원 이상 이용, 자동이체 2건 이상 출금, 급여이체, 가맹점대금 입금 등에 의한 금리 감면 등이다. 대출 신청 전에 금리를 감면받을 수 있는 조건을 은행에 알아보고, 다른 은행에서 이용 중인 금융거래가 있다면 대출을 받을 은행으로 금융거래를 집중하면 대출이자 부담을 줄일 수 있다. 예금담보대출, 특정 고정금리 등 일부 상품의 경우 거래실적에 따른 추가 금리감면을 제공하지 않을 수 있다.

④ 금리인하 요구권 적극 활용해라

은행들은 대출이용 기간 중 직위, 연소득, 신용등급 등에 변동이 있는 고객이 대출금리 인하를 요구할 경우 자체심사를 통해 대출금리 일부를 인하해주는 '금리인하 요구권' 제도를 운영하고 있다. 그러므로 대출을 받은 후 신용등급 상향에 영향을 줄 수 있는 승진이나 급여상승 등이 있는 경우, 은행창구를 방문하여 금리인하를 적극 요구함으로써 대출이자 부담을 줄일 수 있다.

⑤ 대출금 갚기 어려울 때는 이자 일부만이라도 납입해라

은행들은 대출이자 최종납입일 이후 1개월이 지난 시점에 이자를 내지 않으면 그 다음날부터 미납이자에 대한 고금리

연체이자를 부과한다. 그렇지만 이자 납입일에 일부 이자만 납입하여도 최종납입일이 연장되기 때문에 당장 대출이자가 연체되는 것을 막을 수 있다. 통상 연체이자율은 정상이자에 6.0~8.0%p를 추가 부과한다. 따라서 이자 납입일에 1개월 치 이자 중 일부가 부족한 경우 가용할 수 있는 이자만 납입해도 연체이자에 대한 부담을 줄일 수 있다.

⑥ 본인 자금 사정에 맞춰 대출상품 재조정해라

은행들은 대출약정 만기일에 대출금을 상환하지 못한 소비자가 만기일 연장을 요구할 경우 심사를 통해 대출 만기일을 연장하고 있으며, 이때 소비자가 다른 대출상품으로 계약변경을 요청하면 심사를 통해 다른 대출상품으로 계약을 변경해 주고 있다. 계약 변경의 경우 신규 대출약정과 동일한 기준으로 인지세의 일부 등을 소비자가 부담할 수 있다. 그러므로 대출금 만기일에 대출금을 상환하지 못한 소비자의 경우 대출상품 재조정을 통해 본인의 자금흐름에 맞는 상품으로 대출상품을 변경하면 이자부담을 줄일 수 있다. 예를 들면, 일반대출보다 0.5%p 정도 금리가 높은 마이너스통장 대출의 만기일을 연장하고자 할 경우 본인의 자금흐름을 고려하여 만기일시상환 대출과 마이너스통장 대출을 분할 이용하면 대출이자 부담을 일부 줄일 수 있다.

07

디지털뱅킹(모바일·PC)
알아두면 유익한
꿀팁 7가지

사례 | 강똑똑 씨는 모바일뱅킹 서비스를 이용하다가 자신의 스마트폰이 초기화돼 뱅킹 애플리케이션(이하 앱)을 새롭게 다운로드 받았다. 그런데 자금 이체를 하려고 뱅킹 앱을 켰더니 지금까지 사용해온 공인인증서가 삭제돼 공인인증서를 재발급받기 위해 영업점을 방문하게 됐다. 은행직원은 영업점 방문 없이 은행 거래할 수 있다며 방법을 알려줬다.

현재 은행은 영업점을 방문하지 않아도 비대면 실명확인을 통해 계좌 개설, 전자금융서비스 및 상품가입 등 은행서비스를 이용할 수 있다. 은행에 따라 연말정산 시 사용하는 각종 납입증명서와 대출상환증명서, 부채증명서, 통장표지 등의 증명서 발급업무와 자기앞수표 분실, 카드 분실신고와 재발급 업무 등 분실신고 업무도 온라인으로 운영하고 있다. 디지털뱅킹(모바일·PC), 알아두면 유익한 7가지를 찾아보자. 간단하지만 급할 때 실속 있게 도움이 된다.

① 스마트폰으로 신분증 촬영해 실명확인

소비자는 2015년 12월 이후부터는 영업점을 방문하지 않아도 비대면 실명확인을 통해 계좌 개설, 전자금융서비스 및 상품 가입 등 은행서비스를 이용할 수 있다. 따라서 은행 영업점을 방문하기 어려울 경우 데이터 통신이 가능한 환경에서 신분증 촬영 등 은행이 요청하는 본인확인 과정을 거쳐 은행서비스 이용이 가능하다. 다만, 은행마다 비대면 실명확인을 통해 제공하는 서비스의 범위가 다를 수 있으므로, 해당 은행 홈페이지나 콜센터 문의 등을 통해 확인한 후 이용하고 비대면으로 개설된 계좌는 증빙자료를 제출해야 이체, 출금 한도의 제한 없이 이용할 수 있다는 점도 유의해야 한다.

② 해외송금과 계좌이체는 온라인으로!

해외송금이나 계좌이체 시 디지털뱅킹(모바일·PC)을 활용하면 영업점보다 저렴한 수수료로 서비스를 이용할 수 있다. 특히, 대출거래나 예금가입 등 주요 거래가 없어 본인의 고객등급이 수수료 감면 혜택을 받을 수 없다면, 디지털뱅킹을 통한 금융거래가 더 저렴하다. 특히, 해외송금의 경우 은행마다 송금액에 따라 수수료가 다른 경우가 있다. 전국은행연합회가 홈페이지를 통해 시중은행의 송금액별 수수료를 안내하고 있으니, 해당 정보를 확인한 후 본인의 송금거래에 맞는 은행과 서비스를 선택하면 된다. 또한, 자녀 해외체류비 송금 등 정기적인 소액 해외송금이나 부모님 용돈 송금 등 동일인에 대한 반복적인 자금이체가 필요하다면, 과거 송금거래번호나 즐겨 찾는 이체 등 디지털뱅킹(모바일·PC)에서 기존 정보를 활용한 손쉬운 송금 및 이체 서비스를 제공하고 있으므로 거래의 성격에 맞게 편리하게 이용하면 된다.

③ 증명서 발급, 카드 분실·재발급 신청도 온라인으로!

디지털뱅킹(모바일·PC)은 조회, 계좌이체, 예·적금·펀드·대출상품 가입을 중심으로 발전해서 최근에는 다양한 고객 요청 업무를 지원하고 있다. 은행에 따라 연말정산 시 사용하는 각종 납입증명서와 대출상환증명서, 부채증명서, 통장표지 등의 증명서 발급업무와 자기앞수표 분실, 카드 분실신고 및 재발급 업무 등의 분실신고 업무도 제공하고 있어, 영업점 방문 없이 온라인으로 간편하게 업무를 처리할 수 있다.

④ 거래내역을 바로 확인하고 싶다면 알림서비스 신청!

디지털뱅킹(모바일·PC)을 이용하면, 자금이체, 상품가입 등 직접 처리한 각종 금융거래를 상세하게 확인할 수 있어서 편리하다. 그뿐만 아니라 정기적인 적금 납부나, 공과금 납부 등 사전에 예약한 자동이체 등록정보도 함께 확인할 수 있다. 또한 은행마다 모바일뱅킹 앱이나 별도의 앱을 통해 금융 거래 알림서비스도 제공하고 있다. 알림서비스는 거래가 발생한 즉시 스마트폰 등을 통해 확인이 가능해 신속한 금융업무 확인이 필요한 경우 요긴하게 활용할 수 있다. 게다가 금융거래가 잦은 경우 등 본인의 금융거래 성향에 따라 거래이력관리, 상대방에게 이체정보 통지 등 다양한 용도로 이용할 수 있는 것도 장점이다. 은행의 알림서비스는 스마트폰의 푸쉬(Push)라는 알림방식과 문자, 이메일 등으로 안내가 이루어지는데, 문자 등 일부 알림서비스의 경우 이용수수료가 발생할 수 있으니 이점을 잘 확인하고 이용해야 한다.

⑤ 화면글씨가 작다면 큰 글씨로 변환하자!

영업점과 달리 디지털뱅킹(모바일·PC)은 직원의 친절한 설명을 들을 수 없다. 따라서 작은 화면 속 촘촘하고 작은 글씨를 직접 읽어가며 이용해야 하므로 디지털뱅킹(모바일·PC)의 이용이 불편하게 느껴지기도 한다. 이러한 불편을 느끼는 소비자들을 위해 은행에서는 디지털뱅킹(모바일·PC)에서 글자를 확대하는 기능을 제공하고 있다. 일부 은행의 경우, 모바일뱅킹의 화면구성을 큼직하게 디자인하여 소비자가 쉽게 사용할 수 있도록 화면 테마를 달리 제공하는 경우도 있고 자주 사용하는 '이체'나 '조회' 기능에 대하여 큰 글씨 보기 버튼 등을 제공하는 은행도 있다.

⑥ 공인인증서나 OTP 등을 모바일로 발급받자!

과거에는 공인인증서를 모바일뱅킹에서 이용하기 위해서는 인터넷뱅킹에서 인증서를 발급받아 모바일뱅킹으로 옮기는 번거로운 절차가 있었으나, 이제는 대부분의 은행이 모바일 뱅킹에서 직접 공인인증서를 발급한다. 또 보안카드나 OTP 등은 과거에는 실물을 발급받기 위해 영업점을 방문해야 했지만, 최근에는 실물 없이 프로그램의 형태로 발급하거나, 실물을 소비자에게 직접 배송하기도 한다. 따라서 모바일뱅킹에서 비대면 실명확인을 거친 후, 인증 수단을 발급받고, 프로그램형 OTP를 발급받거나 다른 은행에서 쓰던 OTP(1회용 비밀번호)를 등록하면, 영업점 방문이나 인터넷뱅킹 접속 없이도 편리하게 은행서비스를 이용할 수 있다. 다만, 다른 은행의 디지털뱅킹(모바일·PC)에서 사용하던 공인인증서가 있는데 공인인증서를 새로 발급받는다면, 기존 인증서가 폐

기되어 기존 은행을 이용할 수 없게 된다. 따라서 두 은행을 모두 이용할 수 있도록 새로 거래하는 은행에 기존 인증서를 등록하여 이용하면 편리하다.

⑦ 스마트폰 교체하기 전 미리 백업 또는 복사해두자!

모바일뱅킹을 이용하던 중 스마트폰을 교체하거나, 초기화하게 되면 공인인증서가 삭제되어 뱅킹이용에 곤란을 겪을 수 있다. 따라서 스마트폰을 교체하거나 초기화하기 전 공인인증서를 PC 등에 백업(또는 복사)해 놓는다면, 인증서의 신규나 재발급 없이 백업된 인증서를 다시 스마트폰에 복사하는 것으로 모바일뱅킹을 계속 이용할 수 있다. 다만, 스마트폰의 종류에 따라 공인인증서의 백업이 불가능하거나 특정 조건에서만 공인인증서의 백업이 가능한 경우도 있으니 제조업체나 통신업체의 안내를 참고하기 바라며, 백업 PC 등도 공용 PC와 같이 여러 사람이 이용하는 PC의 사용은 피하는 것이 바람직하다. 한편, 거래하는 은행에 따라 다르지만 최근 지문 등 바이오정보를 활용한 뱅킹서비스도 확대되고 있으며 바이오정보를 통한 고객 확인은 간결하고, 신속한 금융서비스를 제공할 수 있어 새로운 고객 확인수단으로 활용되는 추세이다.

시댁·처가
부모님을 위한 은행거래
꿀팁 6가지

　강호식 씨의 부모님(66세)은 비과세종합저축이 저축 또는
예금통장에는 적용되지 않는 것으로 잘못 이해하고 등록하지
않았다가 나중에야 입출금 통장도 비과세 혜택을 받을 수 있
다는 사실을 알고 세금으로 낸 돈이 내심 아까워졌다. 강 씨
의 처가 부모님(70세)은 공적연금 외에도 개인연금 전용 금
리우대통장이 있다는 것을 친구로부터 전해 듣고 우대금리를
적용받지 못해 놓친 이자가 못내 아쉬웠다. 이처럼 시댁·처
가 부모님이 놓치기 쉬운 어르신을 위한 은행거래 꿀팁 6가
지를 알아보자.

① 예·적금은 '비과세 종합저축' 우선 활용해라

만 65세 이상인 어르신이 예·적금에 가입할 때는 '비과세 종합저축'을 먼저 활용하는 것이 좋다. 최대 5000만 원(원금 기준)까지 15.4%에 해당하는 세금을 내지 않고 이자를 받을 수 있기 때문이다. 한편 비과세 종합저축은 정기 예·적금뿐 만 아니라 수시 입출금이 가능한 저축 및 예금 통장에도 적용 된다.

② 연금수령자라면 은행에 우대혜택 문의해라

시중 은행은 직장인의 급여이체 통장과 동등한 수준의 금 리우대와 수수료 면제 등을 제공하는 일명 '연금우대통장'을 판매하고 있다. 이러한 연금통장은 공적연금뿐 아니라 퇴직 연금, 개인연금을 정기적으로 받는 사람이라면 누구나 가입 할 수 있다. 또한 연금통장 이외에도 연금을 받으며 예·적금 에 가입할 경우 추가적인 우대금리를 적용하는 상품도 있으 므로 은행에 문의해 볼 필요가 있다.

③ 생활비 부족 시 '주택연금' 활용을 고려하자

한국주택금융공사가 운용하고 있는 '주택연금'은 집을 담 보로 맡기고 매달 국가가 보증하는 연금을 받을 수 있는 상품 으로 '역모기지론'이라고도 한다. 일정기간 동안 생활비를 조

달할 수 있다는 장점이 있는 이 제도는 우대형(부부기준 1.5억 원 이하 1주택 소유자)의 경우 일반 주택연금보다 최대 17% 높은 연금을 지급받고 연금지급 한도의 45% 이내에서 필요에 따라 수시인출도 가능하다. 또한 주택담보대출 상환을 위하여 연금지급한도의 최대 70%까지 일시인출이 가능한 주택담보대출 상환용 주택연금 상품도 있다. 한편 인출한도를 전액 사용하고도 남아있는 주택담보대출을 전부 상환하기 어려운 경우 최대 1000만 원 범위 내에서 서울보증보험의 '내집연금 연계 신용대출'을 이용할 수도 있다. 보다 자세한 내용은 한국주택금융공사(www.hf.go.kr ☎ 1688-8114)에 문의하면 된다.

④ '어르신 전용창구' 이용하면 편리하다

16개 국내은행이 총 4925개 지점에서 '어르신 전용상담(거래)창구'를 운영 중이며 이 가운데 5개 은행(농협, 한국씨티, 대구, 광주, 전북)은 총 226개 전담(특성화)지점을 지정하여 운영하고 있다. 또한 대부분의 은행에서는 쉬운 용어를 사용하여 천천히 응대하고 ARS 입력 제한시간도 일반고객에 비해 길게 하는 '어르신 전용 상담전화'도 운영하고 있다.

⑤ 은행창구에서 '잠자는 내 돈' 여부 확인하자

2017년 4월부터 모든 은행계좌를 일괄 조회할 수 있는 계좌통합관리서비스를 은행창구에서도 제공하고 있다. 따라서 인터넷 이용이 불편한 어르신도 은행창구에서 은행계좌 조회 서비스를 신청하면 모든 은행 계좌를 확인할 수 있으며 계좌에 잔액이 있는 경우 해당 은행에 방문하여 잔액을 찾을 수 있다.

⑥ 금감원의 '파인' 및 금융자문서비스를 적극 활용하자

금감원은 금융소비자정보 포털사이트 '파인'을 통해 잠자는 내 돈 찾기, 금융상품 한눈에, 금융꿀팁 200선 등 소비자가 일상적인 금융거래 과정에서 필요한 모든 정보를 제공하고 있다. 인터넷 접속 후 포털사이트에서 '파인'을 검색창에 치면 바로 방문할 수 있다. 한편 금감원은 재무 설계나 노후 대비, 자산관리 등 본인의 재정 상태나 지출계획, 투자성향에 맞춰 재무 상담을 해주는 '금융자문서비스'를 운영하고 있다. 금융자문서비스 상담위원으로는 CFP자격을 갖춘 한국FP협회 회원들이 활동하고 있다.

09

잠자는 휴면예금 찾는
가장 쉬운 방법
5가지

사례 | 신혼부부 김깜박 씨는 분양받은 아파트의 중도금 대출을 받으며 대출이자 자동이체 통장을 만들었으나 입주 시 중도금 대출만 상환하고 대출이자 자동이체 통장은 해지하지 않았다. 우연히 금융감독원 '파인'에 들어가 살펴보고 잠자고 있는 휴면예금을 찾았다.

금융감독원은 흔히 발생하는 휴면예금 사례 5가지를 꼽고 금융소비자에게 잠자고 있는 돈이 있는지 꼭 확인하고 미사용 금융계좌도 정리할 것을 조언했다. 이들에 따르면 잠들어 있는 국내 휴면예금 규모는 현재 1조4000억 원에 이른다. 지금부터 장롱에 잠들어있는 휴면예금을 찾는 방법을 알아보자.

① 자녀를 위해 만든 '스쿨뱅킹'

초·중·고교생 자녀가 있는 학부모들이 많이 사용하고 있는 스쿨뱅킹 계좌의 경우 자녀가 졸업하면 그대로 방치되는 경우가 많다. 이 계좌는 학부모가 대부분 급식비 등을 만 원 단위로 입금하기 때문에 잔액이 남아 있을 확률이 높다. 자녀가 졸업했다면 반드시 계좌를 확인하여 잔액을 찾은 후 해지하는 것이 좋다.

② 군 복무 시 만든 '급여통장'

지금은 사용하는 계좌 또는 원하는 은행에서 계좌를 만든 후 입대하지만, 예전에는 자대배치를 받으면 부대에서 통장을 일괄적으로 개설하여 급여통장으로 사용했다. 이에 제대하면 급여통장을 사용하지 않게 되는데 해당 계좌에 잔액이 남아있는지 꼭 확인해 볼 필요가 있다.

③ 전학 후 방치한 '장학적금'

학교의 권유에 따라 '장학적금'에 가입한 경우 전학을 하면서 미처 챙기지 못하는 경우가 있다. 학창시절 전학한 경험이 있다면 장학적금이 있는지 확인해보고 잔액을 찾는 것이 좋다.

④ 대출받으면서 만든 '이자 자동이체 통장'

대출을 받을 때 이자를 납입하는 입출금 통장을 함께 개설하는데 대출 상환 후에도 대출이자 자동이체 계좌를 해지하지 않는 경우가 많다. 특히 대출이자가 연체되는 일이 없도록 실제 이자보다 많은 금액을 입금해 놓기 때문에 이 통장에 잔액이 남아있을 확률이 높다. 꼭 확인을 해보자.

⑤ 주거래은행 변경 후 잊고 지낸 '장기 예금과 적금'

주거래은행을 변경했더라도 예·적금과 신탁은 은행을 변경할 수 없어 만기까지 거래해야 한다. 이에 예금 가입 사실을 잊어버리거나 연락처가 변경되어 만기사실을 통보받지 못하는 경우가 종종 있다. 따라서 주거래은행을 변경했다면 기존 거래 은행에 해지하지 않은 장기 예·적금 및 신탁상품이 있는지 확인해보는 것이 좋다. 계좌를 방치할 경우 대포통장 활용 등 위험이 있으므로 잠자는 내 돈을 찾은 후 미사용 금융계좌는 해지할 필요가 있다. 잠자는 내 돈을 손쉽게 찾기 위해서는 금융소비자정보포털 '파인'에서 '잠자는 내 돈 찾기' 서비스를 이용하면 된다.

Chapter 4

우리 가족 안심자산
'생명보험' 재테크 꿀팁 9

* * * * * *

알아두면
쓸모 있는
보험 상식

① 최초의 보험은?

보험이란 뜻밖의 재난에 대비해 여러 사람의 힘을 합쳐 대처하는 경제 제도를 말한다. 보험은 왜 가입할까? 보험의 시초는 기원전 3000년경 고대 바빌로니아(Babylonia)의 국가 형성과 함께 시작됐다고 한다. 이 시대에는 동서 간 교역이 번창했는데, 사막길과 초원길이 이러한 교역을 가능하게 했고 상인들은 이 동서교역을 통해 재산을 축적했다고 한다. 상인들은 교역하러 갈 때 상품과 자금을 운반할 수 있는 사람을 고용해야 했다. 그런데 상인 입장에서는 고용한 사람들이 막대한 상품과 자금을 가로챌까봐 노심초사 했다고 한다. 상인들은 미래에 닥칠 수 있는 위험에 대한 불안이 있었던 것이다. 그래서 고용하는 사람들의 재산이나 가족들을 담보로 잡고 고용했다고 한다. 만약 이들이 상인들에게 손해를 입히면 재산을 몰수하거나 식솔들을 노예로 팔기까지 했다. 이러한 상인들의 위험 회피 방법을 육상 모험대차(冒險貸借)라고 불렀다. 모험대차는 이후 고대에서 중세에 걸쳐 항구도시에서 관습적인 상거래로 자리 잡게 되었다. 항구도시의 경우 모험대차는 무역업자가 돈이 많은 사람으로부터 항해에 필요한 자금을 빌려 항해를 시작한 후 만약 항해가 무사히 성공하면 무역업자는 빌린 원금에다 고리의 이자를 붙여 갚는다. 반대로 해상사고로 항해가 실패하면 원금뿐만 아니라 그 이자까지 갚지 않아도 되는 방식이었다.

② 보험이 필요한 4가지 이유

보험에 가입하는 가장 큰 목적은 우연한 사고로 인해 경제적으로 커다란 타격을 입는 일이 생겼을 때 금전적인 도움을 받기 위해서다. 갑작스럽게 가장이 사망한 경우가 대표적이다. 당장 생계가 막막해진 가족에게 사망보험금이 얼마나 큰 힘이 되는지는 두말할 필요가 없다. 보험은 나 자신이 아니라 가족을 위해 준비하는 미래자금이다. 금융상품 중 자신이 아닌 다른 사람을 위해 가입하는 유일한 상품이 보험이다.

두 번째는 암, 심근경색 등과 같은 큰 병에 걸릴 위험이 있기 때문이다. 이런 큰 병에 걸리면 막대한 치료비가 든다. 가계 경제에 직격탄이 될 위험이 크기에 치료비와 생활비를 준비하고자 보험에 들어 대비한다. 병에 걸리고 나서 보험을 들 걸 하고 땅을 치고 후회하는 사람을 주위에서 한 번쯤 봤을 것이다. 아프기 전 보험으로 미리 대비하는 것도 좋은 선택이다.

세 번째는 사고이다. 사고는 말 그대로 언제 어떻게 일어날지 모른다. 자동차 사고를 당하거나 강도를 만나 목숨을 잃거나 장애를 입을 수 있다. 이렇게 되면 경제활동을 하지 못해 가족의 생활에 큰 피해를 초래한다. 보험을 들어 두면 사고를 당할 경우에도 큰 힘이 된다.

마지막은 평균 수명이 늘어났기 때문이다. 앞의 세 가지 이유가 보장성보험을 드는 이유라면, 마지막은 저축성보험에 가입하는 이유이다. 의료기술 등의 발달로 인해 우리나라 국민의 평균수명이 계속 늘어가고 있다. 오래 산다는 것은 퇴직 이후 생존 기간이 더 늘어나고 그만큼 돈이 더 필요하다는 얘기다. 이제는 100세 인생이라는 말이 어색하지 않은 시대이다. 나이가 들어 직장에서 퇴직하면 무슨 돈으로 생활을 할지 막막하다. 여기에 나이가 들면서 하나둘씩 아픈 곳이 늘어날 생각을 하니 보험에 가입하는 것이다.

③ 공보험 vs 사보험

보험은 운영 주체에 따라 크게 공보험과 사보험으로 나뉜다. 공보험은 회사에 입사하면 가입하는 일명 4대 보험(건강보험·국민연금·고용보험·산재보험)과 장기요양보험이 대표적이다. 이 보험들은 국가가 국민의 최저생활을 보장해 주기 위해 강제적으로 실시하고 있다. 그리고 이를 제외하고는 모두 사보험이다. 사보험은 크게 손해보험·생명보험·제3보험으로 이루어져 있다.

④ 생명보험 vs 손해보험 뭐가 다를까?

생명보험은 사람의 사망 또는 생존 시의 사고를 대상으로 하는 일체의 보험을 말한다. 종신보험이 가장 대표적이며, 사망보험·생존보험·양로보험 등이 있다. 사람의 생명이나 건강을 지키기 위해 일상의 수많은 위험을 든든하게 막아주는 게 생명보험의 역할이나 기능이라고 할 수 있다.

생명보험의 기본은 '상부상조 정신'이다. 불특정 다수의 사람이 십시일반으로 힘을 모아 공동재산을 조성해 미래의 예상치 못한 사고에 대비하는 것이다. 또 생명보험은 보통 보험 계약자가 사망하거나 일정한 나이까지 살아 있을 때 약정한 보험금을 지급하는 '정액보험'이다. 또 생명보험은 기본적으로 중복 보장이 가능하다. 그 때문에 보험사기를 치는 사람들은 대부분 생명보험 상품 여러 개를 가입하는 특징이 있다.

반면, 손해보험은 재물(물건)의 손해를 사고로 하는 모든 보험을 말한다. 자동차보험이 대표적이며, 화재보험·운송보험·해상보험 등이 있다. 정해진 금액이 아니라 손해가 발생한 부분에 대해서 보험금을 지급하는 '비례보상' 또는 '실손보장'이 원칙이다. 때문에 손해보험은 중복 보장을 하지 않는다. 다수의 손해보험에 가입한 상태라고 하더라도 실제 발생한 손해액에 대해서는 각각 나눠 보험금을 지급하기에 중복 가입은 피하는 게 좋다.

참고로, 생명보험과 손해보험의 중간에 위치한 보험도 있다. 이는 제3보험으로 사람의 질병이나 상해, 장애를 대비한 보험이다. 암보험과 실손의료보험이 대표적인 제3보험으로 손해보험사와 생명보험사 모두 판매할 수 있다. 주의해야 할 점은 실손의료보험의 경우 생명보험사와 손해보험사에서 모두 판매하기에 위에 언급한 차이가 발생하지 않는다.

⑤ 보장성 보험 vs 저축성 보험

보험은 성격에 따라 크게 보장성 보험과 저축성 보험으로 나눠진다. 보장성 보험은 아프거나, 다쳐서 사망하는 불의의 사고에 대비한 보험이다. 대표적인 상품이 종신보험이며, 암보험과 실손의료보험, 자동차보험, 치아보험 등이 여기에 속

한다. 저축성 보험은 필요한 시기에 쓰려고 저축하려는 목적으로 드는 보험이다. 저축성 보험은 적금보다 더 장기적인 저축이라고 생각하면 이해가 빠르다. 연금보험 상품이 대표적이다. 은행의 적금이 1년 단위로 해약한다면, 연금보험은 보통 7년 이상 납입해야 원금손해를 보지 않을 수 있고 10년 이상 지나야 비과세되는 상품이 많기에 장기적인 저축을 할 때 가입하는 게 유리하다. 그 이유는 다른 금융상품에 비해 수수료가 다소 높기 때문이다. 저축성 보험의 초기 사업비는 보통 총 보험료의 15~20% 정도 되기 때문에 10년 이상의 장기투자가 아니라면 손해를 볼 가능성이 있다.

⑥ 종신보험 vs 정기보험

종신보험은 보험대상자의 일생을 보장하는 보험으로, 보험대상자가 사망한 경우 지정한 수익자에게 보험금을 지급하는 사망보험을 말한다. 가입자가 사망할 때까지 평생을 보장해 주는 상품으로 자살을 제외한 사망 원인에 관계없이 일정한 보험금을 받는다. 종신보험은 보험료의 납입기간에 따라 보통종신(일생 동안 보험료를 납입), 유기납입종신, 일시납입종신 세 가지로 구분된다. 반면 정기보험은 필요로 하는 보장기간을 정해 그 기간 동안만 사망에 대한 보장을 받을 수 있는 사망보험이다. 정해진 기간에만 사망보장을 받기 때문에 원하는 기간, 집중적으로 위험에 대비할 수 있어 합리적이다. 또 종신보험에 비해 보장기간은 짧지만 꼭 필요한 시기에만 사망보장을 집중할 수 있어 효율적이다. 두 보험 모두 장단점이 있기에 종신보험과 정기보험 중 무엇에 가입할지는 꼼꼼히 살펴볼 필요가 있다.

⑦ 유배당 vs 무배당

보험을 가입할 때 한번쯤은 들어본 말이다. 유배당과 무배당은 무엇을 의미하는 걸까? 먼저, 유배당보험이란 계약자가 납입한 보험료를 보험회사가 자금운용을 잘해 발생한 이익금을 매년 계약자에게 배당을 해주는 보험이다. 무배당보험에 비해 보험료가 통상 10~15% 높다.

반면 무배당보험은 배당이 없는 보험을 말한다. 보험사가 이익을 창출하더라도 보험계약자에게 배당을 하지 않는 대신 보험료를 유배당보다 저렴하게 산정하는 게 특징이다. 예를 들어, 주식에 투자할 경우 매년 이익잉여금을 배당하는 회사가 있는 반면, 내부에 유보해 주가를 올리는 데 중점을 두는 회사가 있다. 저마다 장점은 있지만, 무배당보험을 추천한다. 이후 배당을 받기보다는 미리 적은 보험료를 납부하는 게 유리하기 때문이다.

⑧ CI보험

CI보험(Critical illness Insurance)은 암, 심근경색, 5대 장기 (심장, 신장, 간장, 폐장, 췌장) 이식 수술 등 고액의 치료비가 드는 '치명적 질병'이 발생했을 때 사망보험금의 50~100%를 선지급하고, 사망 시에는 잔액을 지급해주는 보험이다. CI보험은 크게 종신형과 정기형으로 구분되며, 종신형은 치명적 질병 발병 시 사망보험금의 50%를, 정기형은 사망보험금의 100%를 선지급한다.

⑨ 변액보험

다수의 보험계약자가 납입하는 보험료 중 저축보험료를 따로 분리해서 주식이나 국채, 공채, 사채 등 주로 수익성이 높은 유가증권에 투자해 그 투자수익을 보험계약자에게 나누어주는 실적 배당형 보험 상품을 말한다.

⑩ 보험을 가입하는 4가지 방법

흔히 보험을 들 때 여러 당사자들이 정해지는데, 계약자는 보험을 계약한 사람을 말하며, 피보험자는 보험의 대상이 되는 사람을, 수익자는 보험금을 받는 사람을 뜻한다. 세 주체가 동일할 수도 있고, 설정에 따라 각각 다를 수도 있다.

보험에 가입하는 방법은 일반적으로 4가지다. 설계사를 통해 가입하거나 온라인, 은행, 텔레마케팅과 홈쇼핑을 통해 가입한다.

먼저 보험사에 소속돼 보험사의 보험 상품을 판매하는 설계사를 통한 보험 가입을 살펴보자. 설계사를 통해 가입할 경우 보험에 대한 설명을 듣고 모르는 것을 물어볼 수 있다는 장점이 있지만, 설계사의 인센티브가 포함되기에 보험료가 다른 채널에 비해 비싸다는 단점이 있다.

두 번째는 인터넷 또는 모바일로 가입할 수 있다. 가장 싸게 보험에 가입하고자 한다면 이 방법을 통해 가입하는 것을 추천한다. 온라인 보험슈퍼마켓 '보험다모아'를 통해 인터넷과 모바일로 보험을 비교하고 바로 가입할 수 있다. 온라인 가입의 장점은 동일한 보장의 보험에 가입할 때 가장 저렴하게 가입할 수 있다는 것이다. 보험 관련 상담이 필요하면 해당 보험사의 상담센터로 연락하면 된다.

세 번째는 은행에서 가입하는 방법이다. 은행은 보험사와 대리점 계약을 체결하고 방카슈랑스(Bank + Insurance) 전용 보험 상품을 판매하는 제도다. 방카슈랑스는 은행을 뜻하는 뱅크와 보험을 의미하는 인슈랑스의 합성어다.

마지막으로 텔레마케팅(TM)과 홈쇼핑을 통해 가입할 수 있다. 텔레마케팅 방식은 전화로 연결된 텔레마케팅 설계사를 통해 보험에 가입할 수 있다. TV 홈쇼핑의 경우 TV방송에 쇼 호스트와 게스트의 설명을 듣고 보험에 가입하는 방식이다. 전화 한 통으로 전문적인 상담을 받을 수 있고 가입할 수 있어 편리한 게 장점이다.

02

시댁·처가
부모님을 위한
보험가입 꿀팁

2015년 10월, 보험업계 자율화 바람으로 이후 암보험 등 보장성 보험료가 인상된 것은 물론 실손의료보험료율이 평균 20% 이상, 최대 32.8%까지 올라 소비자들의 주머니 사정을 어렵게 했다. 하지만 최근 보험사들이 경쟁적으로 소비자(가입자) 친화적인 상품과 서비스를 개발하여 서로 고객을 유치하기 위한 선의의 경쟁으로 특화된 상품들이 출시되면서 다양한 사고에 대비할 수 있는 다기능성 상품으로 업그레이드되고 있다. 그 중에서 특히 고령자들을 대상으로 한 보험 상품 출시를 눈여겨보자. 고령자에게 제한적인 보험 상품이지만 이제는 잘만 고르면 낮은 보험료로 자신에게 안성맞춤인 보험서비스를 받을 수 있다.

① '교통안전교육' 이수하면 자동차보험료 5% 할인

만 65세 이상 운전자라면 메리츠화재, 한화손보 등 8개 보험회사가 운영하는 고령자 교통안전교육 이수 할인특약에 가입하면 보험료를 할인받을 수 있다. 고령자 교통안전교육 이수 할인특약의 경우 도로교통공단의 교통안전교육을 이수한, 만 65세 이상 운전자가 기명피보험자 1인 또는 부부운전자 한정운전 특약을 조건으로 자동차보험에 가입하는 경우, 자동차보험료를 연간 약 5% 할인해 주는 제도이다. 자동차보험료를 할인받기 위해서는 도로교통공단 홈페이지에서 교육장소 및 일정을 예약한 후 예약일에 도로교통공단에서 지정하는 교육장에서 상황별 안전운전 등 교통안전교육을 이수하고 운전에 필요한 인지지각검사에서 42점 이상의 점수를 받으면 된다. 교육은 도로교통공단(www.koroad.or.kr) → 교육마당 → 교통안전교육 → 고령운전자 교통안전교육을 통해 받을 수 있으며 교육이수 후에는 도로교통공단이 발부하는 합격여부를 확인할 수 있는 이수증 등을 보험회사에 제출하여야 한다.

② '노후실손의료보험'을 가입하면 더 저렴하다

가입연령 제한으로 일반 실손의료보험 가입이 어렵거나 은퇴 후 보험료가 부담스러운 어르신은 노후실손의료보험 가입을 고려할 필요가 있다. 노후실손의료보험은 연령이 50세~75세(또는 80세)인 어르신을 대상으로 한 상품으로 고령자도 보험회사의 심사를 거쳐 가입할 수 있다. 이 상품은 고액의료비 보장을 중심으로 보장금액 한도를 입원 및 통원 구분 없이 연간 1억 원까지 확대하는 대신 합리적 의료이용을 위해 자기부담금 비율을 높여 보험료가 일반 실손의료보험 대비 50~90% 수준으로 저렴하다.

③ 만성질환자는 '유병자보험'을 활용하자

현재 대부분 보험회사가 질병을 앓고 있거나 과거에 수술, 입원 등 진료기록이 있어 일반보험 가입이 어려운 사람들을 대상으로 '유병자보험'을 판매하고 있다. 유병자보험은 일반보험보다 보험료가 다소 비싸고 보장범위가 좁을 수 있으나, 고혈압·당뇨병 등 만성질환이 있는 사람도 가입할 수 있는 장점이 있다. 유병자보험은 크게 간편심사보험, 고혈압·당뇨병 유병자보험, 무심사보험 등 3가지 유형이 있으므로 자신의 병력과 가입요건, 보험료 등을 잘 비교한 후 3가지 유형 중 자신에게 가장 적합한 보험 상품을 선택하면 된다.

유병자보험(무심사보험 제외)의 경우에도 질문표에 있는 과거 질병 이력 등에 대해서는 반드시 사실대로 알려야만 나중에 보험금을 제대로 지급받을 수 있다. 그리고 유병자보험은 대부분 5~10년 단위로 보험료가 갱신(인상)되는 갱신형상품이므로, 향후 보험료 수준, 납입능력 등을 충분히 고려한 후 보험가입을 결정할 필요가 있다. 참고로, 유병자보험은 일반보험보다 보험료와 보장범위 측면에서 불리하므로, 건강상태가 양호한 사람은 일반보험에 가입하는 것이 좋다.

④ 비과세종합저축보험 활용, 10년 미만 비과세

저축성보험의 보험차익 비과세 혜택을 받기 위해서는 10년 이상 보험을 유지해야만 한다. 그러나 만 65세 이상의 고령자가 납입보험료 총액이 5천만 원 이내에서 저축성보험에 가입할 경우에는 비과세종합저축보험 특약을 통해 보험 유지기간이 10년 미만이더라도 비과세 혜택을 받을 수 있다. 지난 2017년에는 만 63세 이상, 2018년에는 만 64세 이상, 2019년에는 만 65세 이상 가능하다. 다만, 보험을 조기에 해지할 경우 원금 손실이 발생할 수 있기에 보험계약 및 중도해지는 신중할 필요가 있다.

⑤ 연금저축보험 10년 이상 나눠 받으면 세금경감

연금저축보험 가입 후 연금을 수령할 때는 10년 이상 세법상 연금수령 한도 이내의 금액으로 받아야 저율의 연금소득세(5.5%~3.3%)가 부과되므로 연금을 10년 이상에 걸쳐 분할 수령하는 것이 바람직하다. 연금 수령기간을 10년 미만으로 단축시킬 경우 연간 연금수령액이 세법상 연금수령한도를 초과할 가능성이 높으며, 한도를 초과한 금액에 대해서는 연금소득세(5.5%)보다 세율이 높은 기타소득세(16.5%)가 부과되어 손해를 볼 수 있다.

03

신혼부부
보험 상품으로
'절세혜택' 누리자

대부분 신혼부부가 잘 모르는 부분은 세금을 절약할 수 있는 혜택들이다. 신혼부부 보험 상품을 활용해도 절세할 수 있다. 금융감독원이 지난 12월에 발표한 '보험 상품의 다양한 절세 노하우'를 핵심만 간결하게 모아봤다. 알면 돈이 된다.

먼저 보장성 보험료는 연 100만 원 한도 내에서 낸 보험료의 13.2%에 해당하는 금액을 세액공제 받을 수 있다. 배우자를 비롯해 연소득 100만 원 이하인 가족이 낸 보험료도 합산할 수 있다. 이 경우 부모는 만 60세 이상, 자녀는 만 20세 이하여야 한다. 장애인 전용 보장성 보험료의 경우 연 100만 원까지 세액 공제되며 공제율은 16.5%로 일반 보험보다 더 높다.

절세 상품인 연금저축은 한 해에 보험료로 낸 돈의 400만

원까지 13.2%의 세액공제가 가능하다. 연금저축보험을 비롯해 은행의 연금저축신탁, 자산운용사의 연금저축펀드도 포함된다. 또한 퇴직연금(IRP)에 가입했다면 400만 원과 별도로 연 300만 원까지 추가 공제 혜택을 누릴 수 있다. 만약 연간 종합소득금액이 4000만 원 이하이거나, 근로소득만 있는데 총급여액이 5500만 원 이하라면 공제세율이 16.5%로 더 높아진다. 유의할 점은 평소 이 같은 세제 혜택을 받았다면 훗날 연금 수령 시 연금 소득액에 대해 세금을 물어야 한다.

공제 혜택이 없는 저축성 보험에 가입했더라도 연말 정산에서 세제 혜택을 받는 경우도 있다. 금융 상품 대부분은 이자가 붙을 경우 이자소득세를 물어야 하지만 저축성 보험은 자신이 받을 보험금에서 그동안 낸 보험료를 뺀 차익에 대해 이자소득세(15.4%)를 물지 않아도 된다. 단, 보험을 유지한 기간이 10년 이상이어야 하고, 한 번에 보험료를 냈다면 총보험료가 1억 원 이하, 매달 납부했다면 5년 이상 월 150만 원 이하를 납부했을 때 면세 혜택을 받는다. 마지막으로 만 65세 이상 노인이나 장애인, 국가유공자라면 일반 저축성 보험에 가입할 때보다 완화된 비과세 혜택을 누릴 수 있다. 1인당 적립액이 5000만 원 이내인 저축성 보험에 가입할 경우 역시 보험금에서 보험료를 뺀 차익에 대해 세금을 물지 않는데, 보험 유지 기간이 10년 미만이라도 혜택이 돌아간다. 이 상품은 오는 2019년 말까지만 판매된다.

알아두면 유익한
보험계약 관리 꿀팁
5가지

사례 | 신혼부부 권실직 씨는 직장에서 실직한 후 매달 20만 원씩 내는 보험료가 부담되어 보험계약을 해지할까 고민 중이었으나, 보험료를 일부 줄이고 보험을 유지할 수 있는 제도가 있다는 것을 알고 보험회사에 신청해 보험료를 10만 원으로 변경했다. 얼마 후 권 씨는 운동하던 중 다쳐 입원했다. 불행 중 다행으로 유지하고 있는 보험을 통해 입원비를 받을 수 있었다.

가정경제가 어려워졌을 때 가장 먼저 해약하는 금융상품이 보험이다. 보험 해약에도 요령이 필요하다. 보험해약은 절대적으로 소비자한테 불리한 만큼 피하는 게 유리하지만 부득

이한 사정으로 해약할 경우는 투자성 보험→ 저축성 보험 →
연금보험 → 종신보험 → 정기보험 순으로 해지하는 게 현명
한 전략이라고 전문가들은 조언한다. 지금부터 보험계약 관
리 노하우 5가지에 대해서 알아보자.

① 보험료를 내기 어려울 땐 보험료 감액제도 활용

보험계약자가 경제 사정으로 인해 더 이상 보험료를 내지
못하면 보험계약이 해지된다. 이 경우 사고가 발생했을 때 보
장을 받지 못하는 문제가 발생한다. 이 문제를 방지하기 위해
보험료를 내는 게 부담스러운 소비자는 보험계약은 그대로
유지하면서 보험금(보장내용)과 함께 보험료를 줄이는 '감액
제도'를 활용하는 방법이 있다.

보험계약자가 보험회사에 감액신청을 하면 보험회사는 감
액된 부분의 보험계약을 해지처리 하고 해지로 인해 발생한
환급금을 계약자에게 지급한다. 신청 이후 소비자는 감액된
후의 보험료를 보험회사에 내면 되지만 종전보다 보장범위는
줄어든다. 더 이상 보험료를 내는 게 곤란할 경우 감액완납제
도를 활용하는 방법도 있다. 이 제도를 활용하면 감액에 따라
해지된 부분으로부터 발생한 해지환급금이 보험료를 내는 데
사용되기 때문에, 보험료를 추가로 낼 필요가 없다. 이는 보
험료를 오랜 기간 납입하여 해지환급금이 많이 있고, 앞으로

넬 보험료가 크지 않을 경우에 유용하다. 다만 보험료 감액제
도 및 감액완납제도를 활용할 경우 보험료를 내는 부담이 줄
어들지만 보장내용도 줄어들기 때문에, 변경되는 보장내용을
잘 확인해야 한다. 이외에도 보험료 납입이 일시적으로 곤란
해질 경우 자동대출 납입제도를 활용하는 방법도 있다. 주의
해야할 점은 자동대출 납입제도를 신청하였더라도, 대출금이
해지환급금을 초과하게 되면 자동대출 납입이 중단된다.

② 금연·운동 등으로 건강 개선되면 보험료 할인

금연과 식단관리, 운동 등을 통해 피보험자의 건강상태가
보험에 가입했을 때보다 나아지면 질병과 같은 보험사고가
발생할 가능성이 작아질 수 있다. 이 같이 보험사고 발생 가
능성이 줄어든 보험가입자의 보험료를 할인해주기 위해 일부
보험회사는 건강체 할인특약을 운영하고 있다. 일정한 건강
상태 요건을 충족하는 보험 가입자는 건강체 할인특약 가입
을 통해 최대 20%까지 보험료 할인을 받을 수 있다. 새로 보
험에 가입하는 사람은 물론 이미 보험에 가입한 사람도 건강
체 할인특약을 가입할 수 있으며, 특약가입 후에 건강상태가
개선된 점을 확인할 수 있는 서류를 제출하면 과거에 낸 보험
료 일부를 돌려받을 수 있다.

③ 변액보험 수익률을 위해 펀드 관리하자

변액보험은 계약기간이 10년 이상인 장기계약으로, 금융시장 상황의 변화에 따라 수익률을 높일 수 있도록 보험계약자가 펀드변경을 통해 지속적으로 관리할 필요가 있다. 예를 들어 증시가 호황일 때는 주식형펀드에 중점적으로 투자하고 증시침체기에는 채권형 펀드로 변경하는 방식으로 수익률을 높일 수 있다. 또한, 기존 펀드를 유지하면서 보험료 추가납입을 통해 자신이 원하는 펀드의 비중을 늘리는 방법도 있다. 변액보험의 적립금, 펀드현황 등은 보험회사에 매 분기 제공하는 보험계약관리내용, 자산운용보고서 등을 통해 확인할 수 있으며, 펀드별 수익률이나 투자와 관련된 상세내용은 각 보험회사나 생명보험협회 홈페이지의 변액보험 공시실에 게시되어 있으니 이를 적극 활용하는 것도 좋다.

④ 보험금 수령에 관한 분쟁은 보험수익자 지정·변경으로 예방

보험수익자는 보험사고가 발생했을 때 보험회사로부터 보험금을 받을 수 있는 사람으로, 보험계약자의 의사에 따라 특정한 사람으로 지정되거나 변경될 수 있다. 만일 보험계약자가 보험수익자를 지정하지 않은 상태에서 보험사고가 발생하면 사망보험금은 민법상 법정상속인이, 장해보험금 등은 피보험자가, 만기 및 중도보험금은 보험계약자가 각각 받게 된

다. 민법상의 법정상속인의 상속순위는 1.직계비속 → 2.직계
존속→ 3.형제자매→ 4.4촌 이내 방계혈족이다. 배우자는 제
1·2순위 상속인이 있는 경우 공동상속인이 되고, 없는 경우
단독 상속인이 된다. 예를 들어, 보험을 가입할 때 보험계약
자가 사망보험금의 보험수익자를 지정하지 않았다면, 상속순
위가 동일한 사람 모두가 각자 자신의 상속분에 따라 보험금
을 수령할 수 있게 된다. 만일 사망보험금의 수익자를 지정하
지 않은 상태에서 피보험자가 사망하면, 나중에 사망보험금
을 둘러싸고 수익자들 간에 분쟁이 생길 수 있다. 실제로 세
월호 참사 때 보험수익자가 지정되어 있지 않아, 피해자의 사
망보험금이 이혼 후 피해자를 돌보지 않은 부모에게 지급되
어 사회적으로 큰 논란이 된 사례도 있다. 이 같은 문제를 예
방하려면 보험계약자가 보험수익자를 미리 특정한 사람으로
지정하거나 변경해두는 것이 좋다. 이름과 주민번호 등을 이
용해 보험수익자를 특정하면 보험수익자로 지정·변경된 사
람만 사망보험금을 수령할 수 있다. 보험계약자가 보험수익
자를 변경하고 싶을 때는 변경내용을 보험회사에 알리기만
하면 되며, 보험회사로부터 동의를 받을 필요는 없다.

⑤ 주소가 바뀐 경우 한 보험회사를 통해 일괄 변경

보험회사는 보험계약자가 보험회사에 알린 마지막 주소로

등기우편 등을 보내어 보험금 지급사실, 보험료 연체사실 등 소비자가 알아야 할 사항을 전달한다. 그런데 이사·이직 등으로 주소가 변경되어 보험회사별로 주소가 상이하게 기록되어 있어 소비자가 보험계약과 관련하여 중요한 사항을 통지 받지 못하는 상황이 발생할 수 있다. 특히, 보험료 연체사실의 경우 보험계약의 해지로 이어질 수 있기 때문에, 반드시 제때에 통지를 받을 수 있어야 한다.

이를 예방하기 위해 보험회사들은 '금융주소 한번에' 서비스를 제공하고 있다. 보험계약자 또는 보험수익자는 보험회사 영업점을 방문하거나 홈페이지에 접속하여 주소변경을 신청하면서 다른 보험회사에 기록된 주소도 함께 변경신청을 할 수 있으며, 보험회사는 주소변경 처리가 완료된 후 이 같은 사실을 휴대폰 문자 메시지로 통지한다.

05
저축성 보험 가입 시 '보험료 추가납입제도' 활용방법

　연금저축보험 가입 후 연금을 수령할 때는 10년 이상 세법상 연금수령 한도 이내의 금액으로 받아야 저율의 연금소득세(5.5%~3.3%)가 부과되므로 연금을 10년 이상에 걸쳐 분할수령하는 것이 바람직하다. 연금 수령기간을 10년 미만으로 단축시킬 경우 연간 연금수령액이 세법상 연금수령 한도를 초과할 가능성이 높으며, 한도를 초과한 금액에 대해서는 연금소득세(5.5%)보다 세율이 높은 기타소득세(16.5%)가 부과되어 손해를 볼 수 있다. 2017년 4월부터 월 적립식으로 장기저축성 보험에 가입한 가입자가 한꺼번에 목돈을 추가 납입해도 연 1800만 원까지는 비과세 혜택을 받게 됐다. 납세자가 많이 낸 세금을 돌려받을 때 정부로부터 일종의 이자로 받는 국세환급가산금 금리는 연 1.6%로 낮아져 세금을 줄일 수 있다. 저축성 보험은 은행 예·적금보다 높은 이율, 이자에 이자가 붙는 복리 구조, 10년 이상 유지 시 이자소득에 대한 세금 15.4%가 면제되는 비과세 혜택을 갖춘 대표적인 '세테크' 상품이다. 저축성 보험에 가입했다면 원래 내기로 한 돈보다 더 많은 돈을 추가해서 넣는 '추가납입제도'를 활용해 수익률을 높여보자. 추가 납입 한도는 일반적으로 보험 가입 후 경과 기간에 따라 점차 증가하므로 얼마를 더 넣을 수 있는지는 보험사에 확인하면 된다. 보험에 가입하기 전에 각 보험사 상품별 해지 환급률을 비교하고 원금 보장 여부와 추가 납입 및 중도 인출 가능 여부를 확인해야 한다. '온라인보험 슈퍼마켓 보험다모아'에서 비교하면 손쉽게 알 수 있다.

① 보험료 추가납입제도를 활용하면 수익률 유리

대부분 보험회사가 저축성 보험 가입 후 추가 저축을 희망하는 가입자를 위해 이미 가입한 보험에 보험료를 추가 납입할 수 있는 '보험료 추가납입제도'를 운용하고 있다. 이러한 추가납입제도를 활용할 경우, 계약체결비용(모집수수료 등)이 별도로 부과되지 않기 때문에 별도의 저축성 보험에 가입하는 경우보다 사업비가 저렴해 가입자에게 유리하다. 즉, 이미 저축성 보험에 가입한 사람이 별도의 저축성 보험에 추가 가입할 경우에는 계약체결비용 등이 다시 발생해 보험료 추가납입제도를 활용하는 경우보다 향후 받게 될 환급(보험) 금액이 적어지기에 추가납입제도를 활용하는 것이 현명하다.

② 추가납입보험료에 대한 자동이체서비스 활용도 가능

저축성 보험에 가입할 때는 보험설계사나 보험회사에 보험료 추가납입제도에 대한 설명을 요구하고 적극 활용할 필요가 있다. 특히, 대부분 보험회사는 추가납입보험료에 대해서도 자동이체서비스를 제공하고 있기 때문에 정기적으로 추가납입을 원하는 경우 자동이체서비스를 통하여 편리하게 보험료를 추가 납입할 수 있다.

③ 위험보장금액(사망보험금 등)은 증가하지 않는다

기본보험료와 달리 추가납입보험료에는 위험(사망 등)을 보장하는 보험료(위험보험료)가 포함돼 있지 않기 때문에 추가납입보험료를 많이 납입하게 되더라도 사망 등 보험사고 시 지급되는 보험금은 계약체결 시 약정된 가입금액 이상으로 증가하지는 않는다. 사망 시 500만 원을 지급(기본보험료 월 10만 원)하는 저축성 보험에서 추가납입보험료를 월 20만 원까지 추가 납입하더라도 사망 시 사망보험금은 500만 원으로 변동이 없다.

④ 추가납입보험료 전체가 순적립 되는 것은 아니다

추가납입보험료에도 계약관리비용(약 보험료의 2% 내외)은 부과되기 때문에 소비자가 납입한 보험료 중 일부를 차감한 금액이 적립된다. 즉, 추가납입보험료의 경우에도 계약체결 비용은 면제되지만 자산운용·관리비용, 최저보증 비용 등 각종 계약관리비용은 발생한다.

⑤ 보험 상품별 보험료 추가납입제도 운용 방식이 다르다

일부 저축성 보험(온라인 저축성보험 등)은 보험료 추가납입 제도를 운용하지 않고 있다. 또한 보험료 추가납입제도를 운용하더라도 추가납입보험료의 납입한도가 있다는 점에 유의 해야 한다. 따라서 저축성 보험 가입 전에 미리 해당 사항을 확인할 필요가 있다.

06

신혼부부 목돈 마련,
변액보험으로 제대로

신혼부부가 목돈을 모으려고 할 때 적금과 함께 고려되는 상품은 변액보험이다. 특히 변액보험은 10년 이상 장기적으로 저축할 때 적금보다 더 나은 결과를 내므로 장기저축을 할 목적으로 용이하다. 하지만 변액보험은 원금 손실 발생 가능성 등 다양한 특성이 존재하므로 가입 전에 유의사항을 충분히 숙지해야 한다. 지금부터 '변액보험 가입자가 알아야 하는 7가지' 유의사항을 알아보자.

① 원금보장 원하는 사람은 들지 마라

변액보험은 '보험'과 '펀드'를 결합한 상품으로 보험료(적립금)를 펀드에 투자하고 그 펀드 운용실적에 따라 수익률이 결정된다. 따라서 투자한 펀드의 수익률이 저조할 경우에는 원금 손실이 발생할 수 있다. 특히, 여타 보험 상품과 마찬가지로 보험료에서 사업비와 위험보험료 등이 차감되기 때문에 가입 후 단기간 내 해지할 경우에는 환급금이 원금에 크게 못 미칠 수도 있다. 다만, 적립금이 원금에 못 미치더라도 보험 계약기간 중에 사망사고가 발생한 경우에는 사망보험금을 지급하고, 연금 개시 시점이 도래한 경우에는 최저보증 보장상품에 한해 납입된 보험료보다 많은 보험금을 지급한다. 따라서 변액보험은 납입한 보험료 원금을 보장받고자 하는 사람에게는 적합하지 않은 상품이다. 원금 보장을 원한다면 변액보험 보다는 일반 저축성 보험이나 예·적금에 가입하는 것이 바람직하다.

② 목적과 투자 성향에 맞는 상품 선택해야

변액보험은 사망 등 위험을 보장하면서, 투자를 통해 향후 지급 받는 보험금액·연금액 등을 늘리고자 하는 사람에게 적합한 상품이다. 변액보험 상품은 가입목적에 따라 크게 '저축형', '보장형', '연금형'으로 나뉘며, 상품 유형에 따라 보장내용과 보험금 지급방식 등이 크게 다르다. 변액보험 중 저축형은 목돈 마련, 보장형은 사망 등 위험 보장, 연금형은 노후대비에 적합하도록 설계돼 있다. 따라서 변액보험에 가입하기 전에 자신의 가입목적을 분명히 따져 보고 가장 적합한 유형의 변액보험 상품을 선택할 필요가 있다. 변액보험 펀드는 크게 '주식형', '채권형', '혼합형'으로 나눠진다. 주식형의 경우 적립금의 60% 이상을 주식에 투자하는 만큼 투자 위험이 가장 높고, 채권형은 60% 이상을 채권에 투자하기 때문에 투자 위험이 가장 낮다. 혼합형은 중간 수준이다. 따라서 변액보험에 가입할 때는 본인의 투자 성향을 충분히 고려한 후 자신에게 적합한 유형의 펀드를 선택해야 한다.

③ 보험회사별 사업비와 수익률 비교는 필수

변액보험은 보험회사별로 사업비 수준이 다르고, 보험회사의 펀드 운용 및 관리역량에 따라 지급받는 보험금 또는 연금액이 크게 달라질 수 있다. 금감원에 실제 공시된 변액연금의 사업비는 회사 및 상품별로 큰 차이(최소 6.66%, 최대 14.16%)가 있는 것으로 나타났다. 따라서 변액보험 가입 시 회사별 사업비, 펀드 운용성과, 펀드다양성, 전문성(해외주식, 국내채권 등) 등을 충분히 비교해 보고 가입할 필요가 있다. 변액보험의 사업비와 펀드 수익률 현황 등은 생명보험협회 홈페이지 내 '공시실'에서 확인할 수 있다. 또한 '상품공시 길라잡이'를 참고하면 공시관련 유익한 정보를 얻을 수 있다.

④ 10년 이상 장기 유지함이 바람직

변액보험은 기본적으로 장기상품이다. 보험계약을 장기간 유지할 경우에는 위험(사망 등) 보장과 함께 경제·금융 상황이 좋을 경우 높은 수익률을 향유할 수 있고, 특히 저축성 변액보험의 경우에는 10년 이상 유지 시 비과세 혜택까지 받을 수 있다. 그러나 다른 보험 상품과 마찬가지로 단기간 내 보험계약을 해지할 경우에는 해지 시 공제하는 금액(해지공제액)이 크기 때문에 해지환급금이 원금보다 적어 큰 손실을 볼 수 있다. 금감원에 따르면 대부분의 변액보험 상품이 7년 이내에 해지할 경우 납입한 보험료의 원금보다 적게 환급 받는 것으로 나타났다. 그럼에도 2016년 3월 기준 변액보험을 7년 이상 유지한 비율이 약 30%에 불과하다. 10명 중 3명은 변액보험을 가입함으로써 손해를 본 셈이다. 변액보험 가입 전에 보험료를 장기간 납입할 수 있는지를 충분히 고려할 필요가 있으며 가입 후에는 될 수 있는 한 10년 이상 유지하는 것을 추천한다.

⑤ 가입 이후에도 적절한 펀드 변경 등 관리 필요

변액보험은 보험회사가 계약자 본인이 선택한 펀드를 운용할 뿐 펀드 투자결정은 계약자 본인의 몫이다. 따라서 수익률을 높이기 위해서는 보험가입 후에도 경제 상황에 따른 펀드

변경 등 본인의 지속적인 관리가 반드시 필요하다. 단일 펀드 혹은 특정 유형 펀드에 집중하여 장기간 유지할 경우 시장 변화에 따라 수익률 변동위험에 노출될 가능성이 있는 만큼 변액보험 펀드도 분산투자를 할 필요가 있다. 또한 많은 계약자들이 변액보험의 펀드를 변경할 수 있다는 사실을 모른 채 가입 시 설정한 펀드를 그대로 유지하고 있다. 하지만 시장상황에 따라 필요한 경우 수익률이 낮은 펀드에서 수익률이 높은 펀드로의 변경이 바람직하다. 다만, 펀드변경은 예를 들어, 주식시장 활황을 예상할 경우 채권형 펀드에서 주식형 펀드로 변경하듯이 계약자의 선택에 따라 수익률이 변동되므로 신중히 결정해야 한다. 보험회사가 분기별 1회 이상 계약자에게 제공하는 '보험계약 관리내용'(계약자적립금 및 해지환급금, 기간별 수익률 등 공시)을 참고하면 펀드 관리에 도움이 된다.

⑥ 수익률에 유리하려면 보험료 추가납입제도 활용

변액보험 또한 다른 저축성보험과 같이 이미 가입한 보험에 기본보험료의 2배 이내에서 보험료를 추가로 낼 수 있는 '보험료 추가납입제도'를 운용하고 있다. 이러한 추가납입제도를 활용할 경우, 계약체결비용(모집수수료 등)이 별도로 부과되지 않기 때문에 추가로 보험을 가입하는 경우보다 사업비가 저렴해 가입자에게 유리하다(추가납입보험료에는 보험료의 약 2% 내외 수준의 계약관리비용만 부과). 다만, 보험회사에 따라 추가납입 보험료의 납입 한도가 다를 수 있기 때문에 미리 해당 보험회사에 확인할 필요가 있다.

⑦ 온라인으로 납입보험료·수익률 등 확인 가능

변액보험 가입자는 본인이 가입한 보험회사의 홈페이지에서 본인의 상세한 계약정보를 확인 및 관리할 수 있다. 납입보험료, 특별계정 투입보험료, 납입보험료 대비 수익률, 편입 펀드정보 등을 언제든지 온라인으로 확인할 수 있으며, 펀드 투입비율 변경 및 계약자적립금 이전 등 펀드변경 관리도 가능하다.

07
보험가입자의
5대 권리를 아시나요?

사례 | 신혼부부 강우정 씨는 대학 동창 모임에서 보험설계사를 하는 친구로부터 보험 가입 권유를 받아서 암보험을 청약하고 보험료를 냈다. 그런데 다음 날 자신이 작년에 가입한 보험에서도 암이 보장된다는 점을 알고 암보험계약을 청약한 것을 후회했다.

아무런 불이익 없이 보험 계약을 취소할 수 있는 방법이 있을까. 금융 소비자가 권리를 누리려면 제도를 알아야 한다. '보험가입자가 반드시 알아둘 5대 권리'인 청약철회권리, 청약철회 후에도 보장받을 권리, 품질보증해지 권리, 기존계약 부활권리, 승낙 전 보장받을 권리 등을 알아보자. 아는 게 힘이다.

① 청약철회권리

먼저, '청약철회권리'이다. 이는 보험계약자가 보험계약을 취소하고자 할 경우 일정기간 내에 아무 불이익 없이 청약을 철회하고 계약을 취소할 수 있는 권리이다. 청약철회권리는 원칙적으로 보험증권을 받은 날로부터 15일 이내에 가능하다. 단, 보험증권을 받은 날로부터 15일 이내라 하더라도 청약을 한 날로부터 30일 이내인 경우에만 청약을 철회할 수 있다. 보험기간이 1년 미만인 보험 등 청약철회가 불가한 보험도 있으므로 가입 전 꼼꼼히 따져보고 신중히 가입할 필요가 있다.

② 청약철회 후에도 보장받을 권리

두 번째 권리는 '청약철회 후에도 보장받을 권리'이다. 보험계약자와 피보험자가 달라 보험계약의 청약을 철회하는 경우, 보험계약자가 사고발생 사실을 모르고 청약철회 한 경우에는 청약철회 시에도 보험계약이 그대로 유지, 보장을 받을 수 있다. 예를 들자면 보험계약자와 피보험자가 다른 사람이어서 피보험자에게 입원이나 수술 등 보험사고가 발생한 사실을 알지 못한 상황에 계약 청약을 철회했다면 사고가 발생했음에도 보장을 받지 못하는 불상사가 발생할 수 있어서다.

③ 품질보증해지 권리

세 번째, '품질보증해지 권리'이다. 불완전판매행위가 발생한 경우 보험계약이 성립된 날로부터 3개월 이내에 품질보증해지 권리를 갖는다. 보험계약 시 △약관 및 계약자 보관용청약서를 계약자에게 전달하지 않은 경우 △약관의 중요 내용을 보험계약자에게 설명하지 않은 경우 △보험계약자가 청약서에 자필서명이나 전자서명을 하지 않은 경우 등 불완전판매행위가 발생했을 때는 계약이 성립된 날부터 3개월 이내에 그 계약을 취소하는 품질보증해지 권리를 행사할 수 있다. 이럴 경우 아무런 불이익 없이 이미 납입한 보험료와 그에 대해 이자를 돌려받을 수 있다.

④ 기존계약 부활권리

네 번째, '기존계약 부활권리'이다. 부당한 사유로 보험설계사 등으로부터 보험을 해지하고 유사 보험에 가입한 경우 해지된 날로부터 6개월 이내에 소멸된 기존 보험계약을 부활하고 새로운 보험계약을 취소할 수 있다.

⑤ 승낙 전 보장받을 권리

다섯 번째, '승낙 전 보장받을 권리'이다. 보험 증권을 받기전에 일어난 보험사고라 할지라도 보험계약자가 청약 시 최초 보험료를 낸 경우에는 동일하게 보장받을 수 있다. 금융감독원은 보험계약이 체결되지 않아 보험 증권을 받기 전에 발생한 승낙 전 보험사고라 할지라도, 보험계약자가 청약 시 최초 보험료를 이미 낸 경우에는 보험계약이 성립된 것과 같게 보장받을 수 있다고 조언했다. 꼭 기억하고 유사시에 활용할 수 있게 하자.

08

보험 가입 전
체크할 5가지
'지표'는?

사례 | 신혼주부 김경솔 씨는 가격이 저렴하고 보장범위도 넓다는 보험설계사의 말만 듣고 종신보험에 가입했다. 하지만 며칠 후 상품설명서를 읽다가 '보험가격지수'라는 용어가 눈에 띄어 가입한 상품을 검색해보니 150으로 평균가격보다 약 50% 비싸다는 사실을 알게 됐다. 또한 보험금을 주지 않는 '보험금 부지급률'이 높은 상품인 것을 확인했다. 이처럼 경솔하게 보험에 가입할 경우 큰 낭패를 볼 수 있다. 보험과 보험사 선택으로 고민하고 있다면 보험가입 전 점검할 관련 지표 5가지를 알아보자.

① 보험료 비교 '보험가격지수'를 살펴보자

먼저, 보험사별 보험료 비교를 할 때는 보험가격지수를 살펴보면 된다. 보험가입지수는 보험 상품의 가성비를 보여주는 지표다. 암보험과 같은 보장성 보험은 보장내용에 따라 다양한 상품으로 나뉘고 보험회사마다 사업비 수준이 다르기 때문에 보험료를 단순 비교하기 어렵다. 이 경우 보험가격지수를 비교하면 상대적인 보험료 수준을 파악할 수 있다. 만일 보험가격지수가 80이면 동일 유형 상품의 평균가격 대비 20% 저렴하다는 것을 의미한다. 그 때문에 보험가격지수가 낮은 상품이 가성비 면에서 유리할 수 있다. 다만, 구체적인 보장범위 등에서 차이가 있을 수 있기에 보험료 등을 꼼꼼히 살펴볼 필요가 있다. 이 수치는 생명보험협회나 손해보험협회 홈페이지에 접속한 후 '공시실' → '상품비교공시' → '(장기)보장성보험' → 원하는 상품 선택 → (하단표) '보험가격지수'에서 확인할 수 있다.

② 소비자 피해 줄이는 '불완전판매비율'

보험설계사 등이 보험 상품에 대해 충분히 설명하지 않거나 사실과 다르게 설명하는 등의 소비자 피해를 예방하기 위해서는 '불완전판매비율'을 보면 된다. 불완전판매비율은 새로 체결된 보험계약 중 소비자가 중요사항에 대한 설명을 들지 못하거나 판매과정에서 발생한 문제로 인해 계약이 해지되거나 무효가 된 비율을 의미한다. 이 비율이 높은 보험회사일수록 보험 상품을 소비자에게 제대로 설명하지 않고 판매했다고 볼 수 있다. 생명보험협회나 손해보험협회 홈페이지에 접속한 후 '공시실' → '기타공시' → '불완전판매비율 등' → '불완전판매비율 비교공시'에 들어가면 회사별, 판매채널별 비율을 열람할 수 있다.

③ 보험금 지급률을 알고 싶다면 '보험금 부지급률'

세 번째, 보험회사가 보험금을 제대로 지급하고 있는 회사인지 알아보려면 '보험금 부지급률'을 확인하면 된다. 보험금 부지급률이란 보험회사에 보험금을 청구한 건 중 보험금이 지급되지 않은 비율이다. 금감원은 이 비율이 높은 보험사의 경우 보험금을 제대로 지급하지 않았을 가능성이 높다고 밝혔다. 이 지표는 생명보험협회나 손해보험협회 홈페이지에 접속한 후 '공시실' → '기타공시' → '불완전판매비율 등' → '보험금 부지급률 등 비교공시'에서 확인할 수 있다.

④ 보험회사가 소송을 남용하는지 알아보려면 '소송공시'

네 번째, 보험사가 소송을 남용하는지 알아보려면 '소송공시'를 체크하자. 소송공시는 보험금 청구와 지급 관련 소송제기 횟수 등 보험회사별로 한눈에 비교할 수 있다. 금감원은 특히 회사가 소비자를 상대로 제기하는 소송건수가 많거나 소송제기 건수 중에서 보험회사가 패소한 비율이 높은 경우에는 소송을 남용했을 가능성이 크다고 조언한다. 소송공시도 생명보험협회와 손해보험협회 홈페이지의 공시실에서 확인 가능하다.

⑤ 보험회사의 보험금 지급능력 '지급여력비율(RBC)'도 확인하자

마지막으로 사고가 발생했을 때 보험회사가 보험금을 지급할 능력이 충분한지 알아보려면 지급여력비율(RBC)을 확인하면 된다. 보통 지급여력비율이 높다는 것은 그 보험회사의 재무상태가 건전하다는 것을 의미한다. 모든 보험사는 법적으로 지급여력비율을 100% 이상으로 유지해야 하며 금융감독원은 150% 이상을 권고하고 있다. RBC는 금융감독원이 운영하는 금융소비자정보포털 파인(fine.fss.or.kr)에서 '금융회사 핵심경영지표' → '생명보험회사' 또는 '손해보험회사' 선택 → (하단표) 'RBC비율'로 확인할 수 있다.

09

보험금 청구 시
알아야 할
꿀팁 6가지

사례 | 신혼부부 강불운 씨는 암 수술을 받고 치료를 위해 장기간 입원하게 됐다. 입원기간이 길어지면서 수술비와 입원비에 대한 부담을 덜기 위해 암보험금을 청구했으나, 추가적인 의료자문 등으로 보험금 지급이 지연돼 결국 대출을 받아 수술비 등을 지급했다.

이처럼 보험 가입자들은 보험을 싸게 가입하는 것에는 관심을 갖지만, 막상 보험금을 수령할 때는 어떻게 해야 할지 몰라 낭패를 보는 경우가 있다. 이러한 가입자들을 위해 보험금 청구 시 알아 둘 필요가 있는 금융 꿀팁 6가지를 정리해 보았다.

① 100만 원 이하 보험금 신청은 모바일로 제출 가능

먼저, 실손의료비보험(실손보험)은 입·퇴원확인서나 진단서 등 치료 사실을 증명하는 서류를 내야 보험금이 지급된다. 청구할 보험금이 100만 원 이하라면 원본이 아닌 사본을 온라인, 모바일 앱, 팩스, 우편 등으로 제출할 수 있다. 또한 동일한 보험금 지급사유에 대해 여러 보험회사에 보험금을 청구할 경우에도 원본서류 준비 등으로 인한 시간과 서류발급비용을 절감할 수 있다.

② 돌아가신 부모님의 빚이 많아도 사망보험금 수령 가능

부모님이 돌아가신 후 남은 재산과 부채는 법정상속인에게 상속된다. 이 경우 상속인들은 상속재산의 규모를 고려해서 상속, 한정승인, 상속포기를 선택한다. 만일 물려받을 재산보다 빚이 많은 경우 한정승인이나 상속포기를 하는데, 사망보험금의 경우 상속재산으로 보지 않는다. 즉 '사망보험금에 대한 청구권'은 보험수익자의 고유권리이기 때문에 상속인이 보험수익자로 지정되어 있다면 사망보험금을 청구할 수 있으며, 보험수익자가 '법정상속인'으로 포괄 지정된 경우라도 보험금 청구가 가능하다. 그렇기에 한정승인·상속포기에도 상속인이 받는 피상속인(고인)의 사망보험금은 청구할 수 있으며, 채권자들이 압류할 수도 없다. 다만, 교통사고 가해자가 주는 위자료와 일실 수입 손해액은 고인에게 지급됐다가 물려받는 개념인 만큼 상속재산에 해당한다.

③ 보험금 지급이 사고조사 등으로 늦어지면 가지급제도 활용

보험금 지급이 사고조사 등으로 늦어지면 '보험금 가지급제도'를 활용할 수 있다. 보험금 가지급제도란, 보험회사가 지급사유에 대한 조사나 확인이 완료되기 전이라도 추정하고 있는 보험금의 50% 범위에서 먼저 지급하는 제도다. 보험금 지급심사가 길어질 경우, 집에 화재가 나서 피해를 입거나, 사고로 인해 크게 다쳐서 거액의 치료비가 예상되는 소비자들은 화재복구비용이나 치료비를 본인이 우선 부담해야 하는 상황에 빠진다. 이 경우 '보험금 가지급제도'를 활용하면 도움이 된다. 보험사의 조사·확인이 완료되기 전에 추정 보험금 50%까지 먼저 지급해준다.

④ 치매, 혼수상태인 경우 대리청구인을 통해 보험금 청구 가능

치매 또는 혼수상태인 경우 대리청구인을 통해 보험금 청구가 가능하다. 치매보장보험과 고령자전용보험 등 고령화 관련 보장성 보험에 가입했지만 정작 치매에 걸리거나 혼수상태에 빠지면 자신이 보험금을 청구하지 못하는 경우가 적

지 않다. 이에 대비하기 위해 만들어진 게 '지정대리청구인 서비스 특약'이다. 보험금을 대신 청구할 사람을 지정해두는 것으로 이미 보험 계약을 했더라도 특약에 가입할 수 있다.

⑤ 지급계좌를 미리 등록하면 만기보험금 등 자동 수령 가능

지급계좌를 미리 등록하면 만기보험금 등을 자동 수령하는 것이 가능하다. 만기가 된 보험금이 있는데도 잊어버렸거나, 주소 변경 등으로 안내를 받지 못할 수 있다. 보험금 지급 계좌를 미리 등록해두면 만기 보험금이 자동 이체된다. 보험금 지급계좌는 보험가입 시점뿐만 아니라 보험가입 후에도 콜센터 등을 통해 등록할 수 있다. 다만, 보험회사마다 제출서류, 방법 등이 다르기 때문에 세부 준비서류 등은 가입한 해당 보험회사의 콜센터 또는 홈페이지를 통해 확인할 필요가 있다.

⑥ 보험금 수령 시, 연금형 또는 일시금으로 수령방법 변경 가능

보험금 수령 시, 연금형 또는 일시금으로 수령 방법 변경이 가능하다. 후유장애보험금은 입원이나 수술에 관한 보험금보다 금액이 큰 경우가 일반적인데, 보험 상품에 따라서 사망보험금이나 후유장애보험금을 한꺼번에 지급(일시 지급)하거나, 나누어서 지급(분할 지급)하기도 한다. 이 경우 보험 상품의 약관에 따라 보험금을 받는 사람이 일시 지급되는 보험금의 수령방법을 분할 지급으로 변경하거나, 분할 지급되는 보험금을 일시 지급으로 변경할 수 있다. 예를 들어, 가장이 사망한 경우 유족이 가정형편 등을 고려해서 분할 지급되는 사망보험금을 한꺼번에 받을 수도 있고, 후유장애로 인해 직장을 잃은 경우 일시 지급되는 후유장애 보험금을 나누어서 받는 것으로 변경할 수도 있다.

Chapter 5

알면 큰 돈 아끼는
'손해보험' 재테크 꿀팁 9

******

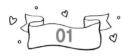
3500만 명이 가입한 실손의료보험 '최저가'로 가입하자

만일 보험을 단 하나만 가입해야 한다면, 실손의료보험을 추천한다. 이는 매달 내는 보험료는 적지만, 보장범위가 넓기 때문에 가입하면 할수록 보험사는 손해라는 말이 나올 정도다. 실제 실손의료보험의 2018년 가입자는 3500만 명에 달해 제2의 건강보험이라고 불린다. 이처럼 인기를 끄는 실손의료보험은 무엇이고, 어떻게 하면 싸게 가입할 수 있는지 알아보자.

① 실손의료보험을 들어야 하는 이유

실손의료보험은 질병이나 상해로 발생한 치료비와 약제비, 수술비 등 본인 부담금을 보장받는 보험 상품이다. 입·통원 의료비에 대해 5000만 원 한도 내에서 실제 지출한 비용의 최대 90%까지 보상받을 수 있고, 30만 원 한도 내에선 통원치료비도 받을 수 있다. 또 국민건강보험에서는 제외되는 비급여 항목인 MRI, CT촬영, 내시경 검사와 같은 특수검사도 보장을 받는 등 보장 범위가 넓다.

특히 실손의료보험의 경우 생명보험과 손해보험은 물론 전 보험사 간 상품에 큰 차이가 없다. 이 때문에 보험료만을 따져서 가입하는 것이 합리적이다. 보험료가 조금씩 다른 이유는 매년 손해율이 보험사마다 다르기 때문이다. 보통 실손의료보험 보험료를 인상한 보험사의 손해율이 높다.

'보험다모아'를 통해 성별과 나이를 입력한 후 보험료를 비교하고 가입하는 것이 합리적이다. 보험다모아는 손해보험협회와 생명보험협회에서 운영하며 300종 넘는 다양한 보험 상품을 비교해보고 가입할 수 있다. 2017년 8월부터 포털사이트에도 보험 서비스를 제공하고 있으며, 모바일 접근성을 높이기 위해 카카오톡에 보험다모아 플러스 친구도 개설했다.

보험에 가입하는 방법은 여러 가지다. 보험설계사나 대리점을 통한 대면 채널, 전화로 가입하는 TM 채널, 인터넷을 통해 직접 여러 회사를 비교해 가입하는 온라인 채널 등이 있다. 최근에는 온라인을 통한 가입자가 늘어나는 추세다. 온라인 채널은 사업비 구성이 높은 대면 채널이나 TM 채널보다 보험료가 저렴해 매달 내는 보험료도 싼 편이다.

② 고혈압·당뇨병 앓아도 실손의료보험 가입 가능

유병자도 실손의료보험에 가입하는 길이 열렸다. 금융위원회와 금융감독원, 보험개발원 등이 밝힌 대로 '유병력자 실손의료보험'이 2018년 4월부터 출시되었다. 이에 따라 고혈압·당뇨가 있는 사람도 실손의료보험에 가입할 수 있게 됐다.

유병력자 실손의료보험의 주요 대상은 투약만으로 관리 중인 만성질환자와 현재 완치된 유병력자다. 이들에 대해선 보험 가입 시 18개의 심사항목을 평가하는 일반 실손의료보험과 달리 6개 항목만 체크하고, 치료 이력 심사 기간도 5년에서 2년으로 줄어든다. 5년의 이력을 심사하는 중대 질병도 10개에서 암 이력 1개만 본다. 가입 심사항목에서 투약도 제외됐다. 이로써 중대 질병 병력자도 최근 2년간 입원·수술을 받지 않았다면 고혈압 약, 갑상선 항진증 약 등을 장기 복용 중이더라도 보험에 가입할 수 있는 길이 열렸다.

고혈압 환자가 처방을 목적으로 월 1회 내과를 방문하는 정도는 실손의료보험 가입 거절 사유가 되지 않는다. 다만, 병력이 있음에도 받아주는 만큼 건강한 사람들이 가입하는 실손의료보험보다는 보험료가 비싸다. 보험가입자의 본인 부담금 비율은 30%로 10~20%인 일반 실손의료보험보다 높고,

진료와 입원에 대한 최소 부담 비용이 각각 2만 원, 10만 원으로 책정됐다. 1회당 보장한도도 회당 20만 원으로 일반 실손의료보험보다 10만 원 낮다. 또 자기공명영상(MRI)이나 비급여 주사제, 도수치료 등은 보장을 받지 못한다. 보험료의 경우 50세를 기준으로 남성 3만4230원, 여성 4만8920원 내외이다. 보험료는 매년 갱신되며 상품구조는 3년마다 변경된다.

02

신혼부부를 위한
실손의료보험(코골이, 임신 등)
꿀팁 10가지

　신혼부부 중에서 남편 혹은 부인이 코를 고는 것은 부부 갈등을 유발하는 요인이 될 수 있다. 잠자리가 바뀌어 낯선 환경에서 잠을 자는 스트레스에 코골이까지 있다면 수면장애를 유발할 수 있기 때문이다. 이럴 경우는 어떻게 할까? 코골이 수술을 고려해야 한다. 그렇지만 이는 비용이 많이 부담된다. 하지만 실손의료보험에 가입했고 무호흡증도 동반한 코골이라면 적은 비용으로 수술할 수 있다. 또 실손의료보험은 유방 재건수술과, 임신, 출산, 요실금도 보장받을 수 있다. 물론 주의해야 할 점도 있다. 많은 소비자들이 국민건강보험으로 처리되지 않는 치료비는 실손의료보험에서 보장해 주는 것으로 오인하고 있다가 나중에 낭패를 당하는 경우도 있기에 보장내용을 정확하게 알고 이용할 필요가 있다. 아래 5가지 항목은 실손의료보험 보장 여부와 관련하여 소비자들이 가장 흔히 혼동하는 내용을 정리했다.

① 간병비, 예방접종비, 의약외품 구입비는 비보장

병원 입·통원 시 치료와 무관하게 발생되는 비용(간병비, 증명서 발급비, 예방접종비 등)이나, 의사의 처방이 없는 의약품 및 의약외품 구입비는 실손의료보험에서 보장되지 않는다. 또한, 의사의 소견이 있는 경우라 하더라도 의료기관이 아닌 곳(의료기상 등)에서 구입한 수술재료대 및 의료보조기 구입 비용은 실손의료보험에서 보장되지 않는다. 반면, 인공 장기 등 신체에 이식되어 그 기능을 대신하는 경우에는 그 진료 재료비용을 보장받을 수 있다.

② 일반 건강검진비는 비보장, 추가 검사비는 보장

질병 치료와 무관하게 예방적으로 시행하는 일반 건강검진은 실손의료보험 보장 대상이 아니다. 다만, 건강검진 결과 의사의 이상 소견에 따라 건강검진센터 등에서 발생한 추가 의료비용은 보장받을 수 있다.

③ 쌍꺼풀 수술은 치료목적만 보장

실손의료보험은 성형수술과 같이 외모개선 목적의 의료비는 보장하지 않는다. 예를 들어 외모개선을 위한 유방확대(축소)술과 쌍꺼풀수술(이중검수술)은 보장되지 않는 진료항목이다. 그러나 유방암 환자의 유방재건술과 안검하수(눈꺼풀처짐증) 및 안검내반(속눈썹눈찌름)을 치료하기 위한 목적의 쌍꺼풀 수술은 실손의료보험에서 보장받을 수 있다.

④ 치과·한방·항문질환 치료는 급여의료비만 보장

실손의료보험에서는 가입자의 역선택 또는 도덕적 해이가 다소 높은 치아질환 치과치료, 한방치료 등에 대해서는 국민건강보험 보장대상인 급여의료비 중 본인부담분만을 보장하고, 비급여 의료비는 보장하지 않는다. 다만, 치과에서 치료받은 경우에도 치아질환이 아닌 구강 또는 턱의 질환으로 소요된 치료비는 비급여 의료비까지 실손의료보험에서 보장된다. 그리고 한방병원이라 하더라도 양방의사의 의료행위(MRI, CT 등)에 의해 발생한 의료비는 급여와 비급여 모두 보장받을 수 있다. 만일, 치과·한방·항문질환 등과 관련하여 실손의료보험 외에 추가로 보장을 받고자 한다면 치아보험, 한방보장보험, 수술비보장보험 등 정액형으로 판매되는 다른 보험 상품에 가입하는 방안을 고려해 볼 필요가 있다.

⑤ 임신·출산·비만·요실금 관련 의료비는 비보장

보험 상품은 우연히 발생한 사고 및 질병을 보장하므로 발생의 우연성이 결여된 임신, 출산 및 비만 관련 의료비는 실손의료보험의 보장 대상이 아니다. 예를 들면, 제왕절개, 불임검사, 인공수정 등과 관련된 의료비는 실손의료보험에서 보장되지 않으니 유의해야 한다. 한편, 비뇨기계 관련 질환은 대부분 실손의료보험의 보장 대상이나, 요실금은 보장 대상에서 제외된다.

⑥ 해외여행 중 생긴 질병도 보장 받는다

해외여행 기간에 질병 또는 상해가 발생하였더라도 귀국하여 국내 의료기관에서 치료를 받은 경우 국내 실손의료보험에서 보장받을 수 있다. 하지만 국내 실손의료보험으로는 해외 소재 의료기관에서 발생한 의료비를 보장받을 수 없다. 만일 해외에서 발생한 의료비 보장을 위해서는 해외여행 전에 '해외 실손의료비 보장'이 포함된 해외여행보험에 가입해야 한다. 만일, 해외 근무, 유학 등으로 3개월 이상 국외에서 거주하게 되는 경우 그 기간 국내 실손의료보험의 보험료를 납입중지 또는 사후환급 받을 수 있다.

⑦ 의사 처방받은 약값도 보장

실손의료보험에서는 치료목적으로 의사 처방을 받아 구입한 약값도 보장된다. 약값으로 지출한 비용 중 5000원~8000원 등의 처방조제비 공제금액을 제외한 부분에 대해 보장받을 수 있으니 약국 영수증도 꼭 챙겨야 한다. 또한 입원환자가 퇴원하면서 치료목적으로 처방받은 약값은 입원의료비에 해당하므로 최대 5000만 원 범위 내에서 본인이 가입한 상품의 입원보장한도까지 보장된다. 다만, 의사 처방이 있더라도 미용목적 등 약관상 보장하지 않는 사항에 해당할 경우에는 보장받을 수 없다.

⑧ 앱을 통해 간편하게 보험금 청구하자

보험금이 100만 원 이하일 경우엔 모바일 앱을 통해서도 손쉽게 청구할 수 있다. 가입자가 모바일 앱으로 의료비 내역을 입력하고 병원영수증 등 청구서류 사진을 찍어 전송하면 청구가 완료된다. 청구 후에는 보험사 홈페이지의 '보험금 지급내역 조회시스템'으로 청구 및 진행상황, 보험금 산출내역 등을 확인할 수 있다. 단, 보험금 청구내역에 대해 보험회사의 추가 조사가 필요한 경우 가입자에게 추가서류 제출을 요청할 수는 있으며 의무가 아닐 경우 가입자가 거절할 수 있다.

⑨ 병원비 내기 어려울 땐 '의료비 신속지급제도'

입원치료 시 경제적 사유로 의료비 납입이 어려운 경우에는 '의료비 신속지급제도'를 활용할 수도 있다. 진료비 세부 내역서를 중간진료비 고지서와 함께 보험사에 제출하면 보험사는 예상보험금의 70%를 미리 준다. 이후 최종 치료비를 정산한 다음 나머지 보험금을 받을 수 있다. 대상자는 △의료급여법상 1종·2종 수급권자 △중증질환자 △의료비 중간정산액 300만 원 이상의 고액의료비 부담자다. 다만 중증질환자, 고액의료비 부담자는 종합병원 및 전문요양기관의 의료비만 신청할 수 있다.

⑩ 중복으로 가입해도 중복보장은 안 돼

실손의료보험은 중복으로 가입해도 실제 부담한 의료비 내에서만 보장된다. 즉, 두 개 이상의 보험에 가입하더라도 실제 부담한 의료비보다 더 많은 돈을 받을 수는 없다는 얘기다. 보험료만 이중으로 부담하므로 중복 가입 여부는 반드시 확인해야 한다. 중복가입 내역은 한국신용정보원에 사이트에 들어가 '보험신용정보' → '실손의료보험조회'를 통해 조회할 수 있다. 만일, 불필요하게 중복 가입한 경우 보험회사 콜센터 등을 통해 언제든지 해지할 수 있다.

치아보험
가입하기 전
꼭 알아야 할 5가지

신혼부부 강성급 씨는 직장 동료가 치과치료 비용에 부담을 느끼는 것을 보고 치아보험에 가입하려고 알아보던 중 별도의 진단 없이 전화로 간편하게 가입할 수 있는 치아보험이 있다는 것을 알게 돼 전화로 치아보험에 가입했다. 80일이 지난 후 충치로 인한 크라운 치료를 받고 보험금을 청구했으나 면책기간에 해당하여 보험금을 한 푼도 받지 못했다. 최근 한국보건사회연구원의 발표에 따르면 남성의 52.3%, 여성의 57.4%가 경제적인 이유로 치과치료를 완전하게 받지 않은 것으로 나타났다. 이는 치과치료는 비쌀 뿐만 아니라, 국민건강보험과 실손의료보험에서도 혜택이 제외돼 있기 때문이다. 이를 대비하기 위한 금융 상품이 있다. 바로 치아보험이다.

치아보험은 충치·잇몸질환이나 상해로 보철·보존치료 등을 받을 경우 보험금을 받을 수 있는 상품이다. 지금부터 치아보험 가입하기 전 꼭 알아야 할 5가지를 알아보자.

① 면책기간과 감액기간 확인은 필수

치아보험은 충치·잇몸질환 등의 질병(또는 상해)으로 치아에 보철치료나 보존치료 등을 받을 경우 보험금을 지급받을 수 있는 보험 상품으로 전화로도 간편하게 가입할 수 있다는 장점이 있다. 반면, 질병으로 인한 치료에 대해선 면책기간 및 50% 감액기간을 운영하고 있다. 이는 보험가입 전에 이미 치아질환을 보유한 사람이 보험금을 받을 목적으로 보험에 가입하는 것을 방지하기 위한 장치이다. 다만, 상해 또는 재해로 인하여 치료를 받았을 경우에는 별도의 면책기간, 감액기간 없이 보험 가입일부터 보험금을 지급받을 수 있다.

② 약관상 보장하지 않는 경우를 반드시 확인

많은 사람이 치아보험에 가입하면 치과치료에 대한 금전적 부담이 없어질 것으로 생각하지만, 보험금이 지급되지 않는 사유도 있으므로 보험가입 전에 반드시 확인할 필요가 있다.

③ 갱신 시 보험료 인상 가능성 고려

치아보험은 회사별 보험 상품 종류에 따라 0세부터 75세까지 가입이 가능한 상품으로 '만기형'과 '갱신형'이 있으며, 갱신형은 연령 증가 등에 따라 갱신할 때마다 보험료가 인상될 수 있다. 그러므로 보험 가입 시 보험료 수준 및 갱신주기 등을 충분히 고려한 후 가입해야 하며, 가입 시 상품설명서 등을 통해 예상 갱신보험료 수준을 반드시 확인할 필요가 있다. 참고로 갱신형을 선택한다면 갱신 주기를 되도록 길게 잡는 것이 보험료 인상 부담을 줄일 수 있다.

④ 보험가입내역 조회서비스를 통한 중복가입 여부 확인

치아보험은 중복으로 가입할 경우에도 보험금이 각각 지급되지만, 중복가입을 원하지 않을 때에는 기존 보험의 특약에 치과치료 보장이 포함되어 있는지를 반드시 확인할 필요가 있다. 가입한 상품이 생각나지 않을 경우 금융소비자정보포털 '파인' 또는 생명보험협회나 손해보험협회 홈페이지에 들어가 '보험가입내역 조회'를 클릭하면 본인이 가입한 보험내역을 확인할 수 있다. 특약으로 가입했다면 '보험가입내역 조회' 서비스를 통하여 가입상품을 확인하고, 해당 보험회사 홈페이지의 '보험계약 조회' 서비스를 통해 세부가입내용을 확인할 수 있다.

⑤ 전문용어에 대한 충분한 이해 필요

치아보험은 치과 치료에 대한 전문용어를 보험약관에 그대로 사용하고 있다. 따라서 소비자는 보험가입 전에 전문용어와 약관에 기재된 용어의 정의를 충분히 이해한 후에 치아보험에 가입해야 향후 보험금 청구 시 보험회사와 다툼을 최소화할 수 있다. 자세한 내용은 상품별로 다르기 때문에 가입한 약관을 반드시 확인해야 한다.

어려운 치아보험 용어 배우기

1. 보철치료 3가지

• 임플란트 : 충치, 잇몸질환, 외부적인 충격에 의한 발치로 치아를 복원할 수 없는 상황일 때 하는 치료로 점막 또는 골막층 하방, 골조직 내부 등의 구강 조직에 이물 성형재료를 매식한 후 고정성 또는 가철성 보철물을 삽입하는 치료를 말한다.

• 브릿지 : 남아있는 치아와 치아 사이를 다리처럼 연결하여 치아의 형태를 고정시키는 방식의 치료로 결손된 부분에 대해 인접

한 영구치를 지대치로 하고, 가공치를 지대치와 연결하여 구강 내에 영구적으로 접착하는 보철물을 말한다.

- 틀니 : 완전 틀니, 부분틀니로 구분되며 영구치 또는 인공치의 치열 전체, 보통 상실한 영구치와 주위조직을 대신하는 인공 보철물을 말한다.

2. 보존치료 2가지

- 충전치료 : 충치나 기타 외부 충격으로 손상된 부분을 아말감, 금, 금박 등 충전치료로 때우는 치료 방식으로 치아에 재료를 직접 수복하는 직접충전과 구강 외에서 수복물을 제작하고 접착제를 사용하여 치아에 수복물을 접착하는 간접충전이 있다.

- 크라운치료 : 왕관을 뜻하는 영어 단어로 손상된 치아 전체를 금, 기타 물질로 감싸는 방식. 영구치에 손상이 생겨 삭제량이 많은 경우 또는 신경치료로 인해 영구치의 강도가 약해질 것이 예상되는 경우에 영구치 전체를 금속 등의 재료로 씌우는 치료 이다.

04
태아보험,
우리 아이를 위한
첫 금융상품

태아보험이란 출생하는 과정에서 발생할 수 있는 신생아 질병과 자녀의 성장 과정에서 발생하는 병원비, 치료비, 입원비에 대해서 보장해주는 보험 상품이다. 참고로 태아보험이라는 상품은 없으며 어린이보험에 태아특약을 추가할 때 통상 태아보험이라고 한다. 지금부터 태아보험 가입 요령 5가지에 대해서 알아보자.

① 태아보험 가입 시기가 정해져 있다

임신 22주가 지나면 태아보험에 가입하지 못한다. 태아보험은 일반보험과는 다르게 가입 시기가 존재한다. 태아특약(출산 시 선천 이상, 저체중아, 미숙아로 태어날 경우 선천 이상, 저체중아, 미숙아로 태어날 경우 선천 이상 수술 비용, 인큐베이터 입원 비용 등에 보험 혜택)의 혜택을 받기 위해선 임신 사실 확인 후 22주 이내에 가입해야 한다. 대표적인 선천성 이상은 심장판막증, 항문 폐쇄, 질 폐쇄 등이 있다. 22주 이후에는 태아 특약이 제외된 어린이보험으로만 가입할 수 있다. 시험관 쌍둥이 태아 보험, 쌍둥이(다태아) 태아보험의 경우 임신 13주~22주가 좋다. 자연임신과는 달리 인공수정이나 쌍둥이 태아보험은 과거 치료 이력에 따라 산전 기록지, 혈액검사 및 기형아 검사 결과지, 의사 소견서를 첨부해야 가입이 가능하다.

② 만기 30세 vs 100세 중 선택해야

태아보험은 보통 30세 만기, 100세 만기가 기본이다. 일반적으로 만기가 짧을수록 보험료는 저렴해지고 길어질수록 올라간다. 아기가 성인이 되어 독립하는 시점에 맞는 새로운 성인 보험으로 가입이 가능할 수 있다는 점에서 30세 만기를 많이 선택한다. 100세 만기로 가입할 경우 한 번 가입으로 오랫동안 보장을 받을 수 있다는 장점이 있기에 잘 비교해보고 유리한 상품을 선택하는 것을 추천한다.

③ 순수보장형 vs 만기환급형

태아보험을 순수보장형으로 가입할 것인지 만기환급형으

로 가입할 것인지 선택해야 한다. 대체로 순수보장형을 추천한다. 만기환급형보다 보험료도 저렴하며 수십 년 후 환급받게 되더라도 물가상승률을 고려한다면 큰 금액이 아닐 확률이 높다. 그 때문에 순수보장형으로 가입하는 것이 계약자에게 유리하다. 참고로 생명보험사의 어린이보험은 소아암이나 백혈병 등 중대 질병을 고액으로 보장한다면, 손해보험사는 보장금액은 생명보험사보다 적지만, 보장 범위가 훨씬 넓기에 보험사를 선택할 때도 이 점을 유의해야 한다.

③ '보험다모아'에서 비교하자

온라인 보험슈퍼마켓인 '보험다모아'에서 보험료와 보장을 비교해서 가입하자. 보험다모아에서 어린이보험(태아보험 특약 X) 상품을 남자 5세/월납/최초계약기준으로 보험료와 보장내용을 한눈에 살펴볼 수 있다. 특히 인터넷으로 바로 가입 가능해 설계사나 홈쇼핑보다 더 저렴하게 가입할 수 있다.

가장 합리적인 보험료의 어린이보험에 가입하고자 할 경우 교보라이프플래닛 '(무)라이프플래닛e플러스어린이보험'을 추천한다. 남자 5세/월납/최초계약기준으로 보험다모아에서 매달 918원에 가입할 수 있다.

가장 인기 있는 어린이보험의 경우 업계 최초의 어린이보험을 개발한 현대해상의 '굿앤굿어린이종합보험'이다. 2004

년 7월 출시 이후 2017년 5월까지 283만 건이 팔린 인기상품으로 이 역시 추천할 만한 상품이다. 이 보험은 고액의 치료비를 필요로 하는 치명적 중병상태인 다발성 소아암, 중증 화상 및 부식, 4대 장애, 양성뇌종양, 심장관련 소아 특정질병, 장기이식수술, 중증 세균성 수막염, 인슐린 의존 당뇨병 등 어린이 CI를 보장할 뿐만 아니라 입원급여금, 자녀배상책임, 폭력피해, 유괴사고, 시력교정 등 어린이들에게 일어날 수 있는 위험들을 보장하는 상품으로 고액보장과 높은 환급률이 특징이다. 처음부터 100세 만기로 가입할 수 있어 단 한 번 가입으로 태아부터 100세까지 암, 뇌졸중, 급성 심근 경색증 등 주요 성인질병에 대한 보장을 받을 수 있다. 이 상품의 경우 보험다모아에서는 판매하지 않고 있다.

05

반려동물 아파서
병원 가면 보험금
나오는 거 아세요?

우리나라에서 반려동물을 키우는 사람의 수가 1000만 명
에 달한다. 다섯 가구 중 한 가구는 반려동물을 키우는 셈
이다. 동물과 함께 살아가면서 사람은 심리적 안정감을 느
낄 수 있다. 최근에는 반려동물을 가족으로 여기는 '펫팸족
(Pet+Family)'이란 말도 등장하고 있다. 이들은 반려동물을 위
해 아낌없이 돈을 사용한다. 이런 이들이 가장 걱정스러운 문
제는 사랑하는 반려동물이 아픈 것이다.

대개 반려동물의 병원비는 감기 등 사소한 질환의 진료비
도 사람보다 3배 이상 비싸다. 만일 검진이나 수술 등을 하게
된다면 큰 목돈이 필요해진다. 이들을 위해 꼭 필요한 보험이
있다. 바로 '반려동물 보험'이다.

현재 시중에 나와 있는 '반려동물보험(펫보험)'은 삼성화재 '파밀리아리스 애견보험', 현대해상 '하이펫애견보험', 롯데손해보험 '마이펫 보험' 등 3종이다. 그마저도 삼성화재와 현대해상은 반려견만 가능하다. 롯데손해보험의 경우 반려견과 반려묘(고양이)까지 가능하다. 일반적으로 신규 가입의 경우 만 6세 이하 반려견만 가능하며 수술 또는 치료비를 50~70%까지 보상하는 상품이다. 개와 고양이 이외의 반려동물을 키우는 국민이 많아지고 있는 만큼 다양한 종류의 반려동물을 위한 보험 상품 개발이 필요해 보인다.

반려동물보험은 2007년 10월 최초로 출시되고 KB손해보험, AIG손해보험 등에서 관련 보험을 잇달아 출시했지만, 손해율이 높아지면서 현재 판매가 중단됐다. 반려동물을 키우는 국민이 많아진 만큼 경제적 부담을 완화하고 동물보호를 보장하기 위해서는 반려동물 보험제도의 활성화가 필요한 시점이다. 다행히도 2017년 '반려동물보험 활성화법'이 발의됐다. 앞으로 비싼 동물 병원비 부담이 줄어들 것으로 보인다. 반려동물을 키우기 위해서는 동물병원 이용이 불가피하지만, 우리나라는 관련 보험제도가 활성화돼 있지 않아 비싼 의료비 지출을 감수해야 하는 상황이다. 이번 법안은 동물보호법을 개정해 정부가 반려동물보험 제도 활성화를 위해 노력할 것을 규정하고, 보험제도 활성화를 위해 필요한 동물 등록제를 정착하자는 취지에서 마련됐다.

06

암보험,
꼭 필요한 내용은
꼼꼼히 알자

스트레스와 음주, 흡연, 서구화된 식생활 등의 영향으로 암으로 인한 사망률은 매년 증가하고 있다. 암은 발병률과 사망률 1위인 질병이다. 즉 많은 사람이 걸리고 죽는 위험한 병이다. 특히 진단 후 치료비용이 만만치 않은 것으로 유명하기에 건강할 때부터 암에 대한 대책을 세우는 것이 중요하다. 가장 쉽고 강력한 대비책은 암보험에 가입하는 것이다. 이제부터 암보험에 가입하는 방법부터 활용하는 방법까지 알아보자.

먼저, 암보험 가입 전 알아야 할 내용부터 시작하자. 암의 경우 가족력이 있는 사람이 걸릴 확률이 더 높다. 특정 암에 대한 연속된 가족력이 있으면 특정 암 또는 고액 암에 대해 집중 보장받을 수 있는 상품을 선택하는 것이 좋다. 암보험은 보장개시일 이후 암 진단확정 시 진단비를 중심으로 △입원비 △수술비 등 암에 대한 치료비를 집중적으로 보장하는 상품이다. 만일 사망에 대한 보장이 필요하다면 종신보험이나, 정기보험을 별도로 가입하는 것을 추천한다. 암보험은 최초 보험료 납입시기로부터 90일 이후 보장개시가 된다. 또 대부분 유예기간을 두어 가입 후 1~2년 사이에는 가입 보장금액의 50%만 지급되기에 젊을 때 가입하는 것이 좋다. 암보험의 보험료를 납입하는 기간 동안의 총 납입 보험료를 계산해 보면 갱신형보다는 비갱신형이 계약자에게 유리할 수 있다. 다만, 갱신형의 경우 초기보험료가 저렴하기 때문에 갱신형과 비갱신형의 암보험을 꼭 비교하고 선택해야 할 것이다. 따라서 본인의 상황에 따라 갱신형 혹은 비갱신형 암보험의 여부를 결정하는 것이 좋다. 지금까지 암보험 가입 전 필요한 정보에 대해서 알아보았다. 이제는 암보험 가입자에게 필요한 금융 꿀팁을 알아보자.

① '암'으로 진단 확정된 경우 암진단비가 지급된다

먼저, 암보험 가입자가 암진단비를 받으려면 보험 약관에서 정한 방법에 따라 암진단 확정을 받아야 한다. 일반적으로 사람들은 병원에 의사를 통해 암의 진단 여부를 확인한다. 하지만 암보험에서 암진단비가 지급되기 위해서는 보험약관에서 정한 방법에 따라 암의 진단확정을 받아야 한다. 암보험 약관에서는 암의 진단확정은 해부병리 또는 임상병리의 전문의사 자격증을 가진 자에 의하여 내려져야 하며, 이 진단은 조직 또는 혈액검사 등에 대한 현미경 소견을 기초로 하여야 한다고 정하고 있다. 병원에서 암에 걸렸다고 판단해도 보험 약관에서 정한 방법에 따라 암으로 진단확정을 받지 못한 경우에는 암진단비가 지급되지 않을 수 있다. 물론 갑작스러운 사망 등으로 병리 진단이 불가능한 경우 임상학적 진단으로 암의 증거가 인정된다.

② 암의 진단시점에 따라 보험금액이 달라질 수 있다

일반적으로 보험은 계약일(제1회 보험료 납입일)부터 보장이 개시되지만 암에 대한 책임개시일은 계약일로부터 그 날을 포함하여 90일이 지난날의 다음날부터 시작되므로 만약 암보장개시일 전에 암으로 진단확정을 받았다면 해당 계약은 무효(혹은 책임 미개시)가 된다. 갱신계약 및 어린이암보험 등 일부 암보험 상품에서는 상기 면책기간(90일) 없이 제1회 보험료 납입일부터 보장이 개시된다. 이는 보험가입 전에 이미 암이 발생하였거나 암이 의심되는 사람이 보험금을 받을 목적으로 보험에 가입하는 것을 방지하기 위함이다. 다만, 암보장개시일이 지났더라도 통상 보험계약일 이후 1~2년 이내에

암 진단확정 시에는 암보험 가입금액의 50%를 암진단비로
지급하고 있으며, 일부 암보험 상품의 경우 자가진단이 용이
한 유방암은 '암보장개시일부터 90일' 이내에 진단확정 시 가
입금액의 10%를 암진단비로 지급하기도 하므로 자세한 보장
내용은 본인이 가입한 상품의 약관을 확인해야 한다.

③ 암의 진단시점은 '조직검사 결과보고일'이다

유방암 등 일부 암보험의 경우 개시일로부터 90일 이내에
진단확정 시 가입금액 일부가 암진단비로 지급된다. 암의 진
단시점은 진단서 발급일이 아닌 조직검사 결과보고일이다.
이 경우에는 이를 기준으로 보험금 지급 여부와 보험금액을
결정한다.

④ 입원했다고 무조건 암입원비가 지급되는 것은 아니다

암입원비는 병원 입원 여부와 상관이 없다는 점이다. 암 치
료 직접목적의 입원치료의 경우에만 입원비를 지급하도록 정
하고 있으며, 만약 통원만으로 치료가 가능한 상태로 판단되
면 보험사는 입원비의 지급을 거절할 수 있다. 입원해 치료가
필요한 경우로는 ① 자택 등에서 치료 곤란 ② 의료기관 입실
③ 의사의 관리 하에 치료에 전념할 경우 등이다.

⑤ 암 입원비는 암 치료 직접 목적일 때만!

암 치료의 직접 목적에는 △종양제거 △방사선치료 △항종양 약물치료 등 중대한 병적 증상을 호전시키기 위한 입원을 의미한다. 후유증 완화나 합병증 치료를 위한 입원은 암입원비가 지급되지 않아 확인해 볼 필요가 있다.

⑥ 보험금 지급 여부의 결정을 위해 조사가 나오기도 한다

암입원비를 지급받기 위해서는 약관에서 정하고 있는 입원 필요성과 암의 직접치료 여부에 대한 입증(보험수익자)과 이에 대한 조사나 확인(보험회사)이 진행될 수 있다. 필요시 보험회사는 동의를 얻어 의료자문을 통해 다른 의사의 의학적 소견을 확인하기도 한다. 입원치료의 경우 환자의 질병명, 상태 및 치료내용 등이 모두 상이해 의료경험칙에 따른 획일적 적용이 어려우므로 개별적 판단이 요구될 수 있으며, 이에 대한 의학적 판단은 의사에 따라 서로 다를 수 있어 부득이한 경우 보험금 지급 여부를 재심사할 수도 있다.

07
일상생활비용을
보험으로 해결하자

인생을 살다 보면 예기치 않은 사고를 많이 겪게 된다. 일상생활 중 발생할 수 있는 소소한 사고에서부터 앞서 언급한 사례처럼 배상금이 수천만 원에 달하는 대형사고까지 사고는 광범위하게 발생한다. 언제 발생할지 모르는 갑작스런 배상책임 사고, 이럴 때를 대비할 수 있는 보험이 있다. 바로 '일상생활배상책임보험'이다.

일상생활배상책임보험은 보험가입자가 다른 사람에게 인명, 재산상의 피해를 줬을 때 생기는 법률상 배상책임에 따른 손해를 보상하는 보험이다. 비교적 적은 보험료(통상 1000원 이하)로 일상생활 중 발생할 수 있는 다양한 배상책임을 보장받을 수 있기에 유익하게 활용할 수 있다. 피보험자의 범위에 따라서 △일상생활배상책임보험 △가족일상생활배상책임보험 △자녀일상생활배상책임보험으로 나뉜다. 통상 손해보험사의 어린이보험, 주택화재보험, 상해보험 등 특약형태로 판매되고 있다. 상품 가입 여부는 금융소비자 정보포털 사이트인 '파인'에서 확인 가능하다. 이제 일상생활배상책임보험에 대해서 알아보자.

① 중복 가입해도 실제 손해배상금 내에서만 보장

일상생활배상책임보험은 가입자가 실제 부담한 손해배상금만을 보장하는 보험 상품이다. 두 개 이상의 일상생활배상책임보험에 가입하더라도 실제 부담한 손해배상금을 초과하여 보장받을 수 없다. 만약 가입자가 두 개의 일상생활배상책임보험에 가입한 경우에는 실제 부담한 손해배상금 내에서 두 보험회사가 보험금을 나누어 지급(비례분담)한다. 예를 들어, 보장한도가 1억 원인 일상생활배상책임보험을 두 개(A사, B사) 가입하였는데 실제 부담한 손해배상금(치료비)이 300만 원인 경우, 두 보험회사로부터 각각 150만 원씩 받게 된다. 결국 가입자가 여러 개의 일상생활배상책임보험에 가입하더라도 실제 부담한 손해배상액을 초과하는 보험금을 받을 수 없고 보험료만 이중으로 부담하게 된다.

② 고의나 천재지변은 보장하지 않는다

일상생활배상책임보험은 자녀가 놀다가 친구를 다치게 한 경우 또는 기르던 애완견이 남을 다치게 한 경우 등 보장대상이 다양하다. 다만, 고의나 천재지변으로 발생한 배상책임은 보장하지 않는다. 주의해야 할 점은 회사나 상품마다 보장범위가 다르기 때문에 약관내용을 충분히 살펴본 후 가입하여야 나중에 보험금 청구 시 불필요한 분쟁을 줄일 수 있다.

③ 주택은 피보험자가 주거용으로 사용하는 경우만 보장

보험가입자가 일상생활배상책임보험을 통해 다수 보상받는 사례는 주택 관리 소홀에 따른 배상책임이다. 그러나 동 보험에서 보장해 주는 주택은 원칙적으로 피보험자가 주거용으로 사용하는 주택에 한한다. 따라서 피보험자 본인이 거주하는 주택의 누수로 인하여 아래층에 피해를 준 경우에는 보상을 받을 수 있지만, 비록 피보험자 소유의 주택이라 하더라도 임대한 경우에는 누수로 인한 배상책임에 대해 보상받을 수 없다.

④ 보험가입 후 이사한 경우 반드시 보험회사에 통지

보험 가입 후 청약서의 기재사항이 변경되는 경우 보험회사에 서면으로 알리고 보험증권에 확인을 받아야 한다. 일상생활배상책임보험의 경우 보험증권에 기재된 주택의 소유·사용·관리 중에 발생한 배상책임을 보상하기 때문에, 이사한 경우 보험회사에 별도의 통지를 하지 않으면 나중에 보상을 못 받을 수도 있다. 따라서 일상생활배상책임보험에 가입하였다면 이사 후에는 반드시 보험회사에 이사 사실을 알리고 보험증권에 기재된 주택을 변경할 필요가 있다.

08

커피 3잔 값으로
주택화재 걱정 없애는
'주택화재보험'

2018년 초반에는 무섭고 참담한 화재가 연달아 발생했다. 한순간에 타버리는 집을 보면 재산피해는 물론 인명피해까지 걱정된다. 우리나라는 지형이 좁고 인구가 많아 주거 공간 또는 건물, 상가에 대한 밀집도가 상당히 높은 편이다. 보험회사에 따르면 2016년에 47만3413건의 화재가 발생했고 그 중 주택화재는 12만여 건으로 전체 화재의 30%에 달하는 것으로 나타났다.

화재의 경우 고의성과 상관없이 피해에 대한 금전적인 보상은 본인이 배상해야 한다. 특히 여행이나 귀향으로 인해 장기간 집을 비울 때 화재가 염려된다. 이럴 때 필요한 보험이 '주택화재보험'이다. 주택화재보험이란 화재에 대한 보상은 기본이며, 붕괴, 임시 거주비, 도난손해 등 화재와 관련된 여러 가지 보장을 받을 수 있는 상품이다.

추천하는 상품은 '삼성화재 다이렉트 주택화재보험'이다. 삼성화재 삼성화재는 다이렉트 모바일 애플리케이션을 통해 가입할 경우 복잡한 담보도 손쉽게 이해할 수 있다. 주택화재의 위험에 대비해 '삼성화재 다이렉트 주택화재보험'에 가입할 경우 기존의 화재보험이 담보하는 화재손해와 더불어 6대 가전제품 고장수리비, 도난손해, 가족일상생활 배상책임 등 생활 속 위험을 보장받을 수 있다고 밝혔다. 이 상품은 스마트폰의 플레이 스토어 또는 앱 스토어에서 '삼성화재 다이렉트 앱'을 검색한 후 설치하면 손쉽게 가입할 수 있다. 또 PC나 스마트폰을 이용해 연중 24시간 보험료 확인과 가입이 가능하다. 보험전문가가 아니더라도 담보내용을 쉽게 이해할 수 있어 누구나 어렵지 않게 가입할 수 있다. 특히 보험료도 저렴해 커피 한 잔을 4000원으로 계산할 때 평균적으로 커피 3~4잔 가격으로 안심하고 담보를 보장받을 수 있다.

09
꼭 필요한
자동차보험
핵심 내용 정리

사례 | 얼마 전 임신한 신혼부부 강미경 씨는 직장동료와 대화하다가 자동차보험 특약을 이용하면 아이를 가진 운전자는 보험료를 깎아준다는 사실을 알게 됐다. 이후 강 씨는 자녀할인특약에 가입해 보험료의 10%를 할인받았다.

자동차보험은 운전자라면 누구나 가입해야 하는 의무보험이다. 대부분 1년마다 갱신한다. 우리가 차를 탈 때 사고에 대비해 안전띠를 매듯이 외부에서 발생하는 인명피해나 차량파손 등을 보전하기 위한 안전장치가 바로 자동차보험이라고 할 수 있다.

문제는 운전자는 사고에서 자유롭지 않기에 자동차보험만

으로 부족하다. 단순한 일반 교통사고의 경우 자동차종합보험에 가입해 보험처리가 가능하며 형사처벌을 받지 않지만, 피해자가 사망 또는 크게 다쳤거나, 11대 중과실 사고인 경우 형사처벌 대상이 된다. 벌금을 내거나 피해자와 합의를 위한 합의금을 마련하는 등 경제적 부담이 생기기 마련이다. 이를 위해 필요한 것이 운전자보험이다. 자동차보험은 타인을 위한 보험이지만, 운전자보험은 나를 위한 보험인 셈이다. 그 때문에 운전자보험 또한 필수로 가입해야 하는 보험이다. 보험은 아는 만큼 할인받을 수 있다. 지금부터는 자동차보험료를 저렴하게 가입하는 방법에 대해 알아보자.

① 임신, 블랙박스 장착 등 할인특약에 가입

먼저, 마일리지특약은 운행거리에 따라 보험료의 1~42%를 할인해준다. 운행거리가 짧을수록 할인율이 높아지므로 가까운 거리 출퇴근용으로만 자동차를 탄다면 보험사에 문의해보는 게 좋다. 또 승용차요일제 특약에 들면 보험료가 평균 8.7% 절약된다. 그러나 주행거리연동과 승용차요일제 특약을 동시에 가입할 수 없기 때문에 둘 중 어느 특약에 가입하는 것이 유리한지 확인해야 한다. 임신했거나 자녀가 어리다면 자녀할인특약을 이용하는 게 좋다. 본인이나 배우자가 임신 중이거나 만 5~9세 이하 자녀가 있으면 4~10%의 보험료를 할인받는다. 블랙박스 등을 장착해도 보험회사별로 3~5% 할인혜택을 준다. 스마트폰 애플리케이션을 장착한 경우는 인정하지 않으므로 보험가입 시 확인해야 한다.

② 서민우대자동차 보험 대상인지 확인

기초생활보장 수급자 등 일정요건을 충족하는 서민은 최대 17.3% 보험료가 추가 할인된다. 자동차보험을 갱신할 때뿐만 아니라 계약기간 중에도 언제든지 할인받을 수 있다. 지금이라도 자신이 서민우대자동차 보험 가입대상인지 꼼꼼히 따져 볼 필요가 있다. 가입대상은 기초생활보장 수급자거나 만 30세 이상·연소득 4000만 원 이하(배우자합산)·만20세 미만 부양자녀가 있는 자로서 5년 식 이상 배기량 1600cc 이하 승용차 또는 1.5t 이하 화물차를 소유하는 자 등이다.

③ 무사고 운전 할인

보험기간 중 사고가 없으면 자동차보험을 갱신할 때 보험료가 5~10% 할인되며, 무사고경력을 18년간 유지하면 보험료가 최대 70%까지 할인된다. 반면 사망사고 등 중대형사고가 발생했을 경우 보험료가 대폭 할증될 수 있다. 무사고 운전이 보험료 절약의 최선의 방법이다. 아울러 자동차보험에 가입할 때는 운전자 범위를 정한다. 운전자를 모든 사람으로 지정하지 말고 가족으로 한정시키면 보험료가 절약된다. 보험으로 가정 적게 하려면 1인으로 한정하면 된다. 친구한테 차를 빌려줘 봤자, 차를 파손시키지 않으면 다행이다. 보험을 들지 않으면 핑계거리가 생긴다.

④ 보험료 비교공시 이용

온라인 보험슈퍼마켓 '보험다모아'를 이용하자. 간편하게 보험료 비교산출을 해볼 수 있는 만큼 좀 더 저렴하고 합리적으로 보험에 가입할 수 있다. 단, 자동차보험 만기일은 30일 이내이며, 공인인증서가 있어야 가능하다.

전화나 인터넷을 이용한 다이렉트 보험 또한 비용 부담을 덜 수 있는 방법 중 하나다. 설계사를 거치지 않고 전화나 인터넷을 이용하기 때문에 오프라인 자동차보험료보다 10~15% 정도가 저렴한 편이며, 바쁜 생활 속 비교적 가입이 손쉬워 인기를 끌고 있다.

⑤ 이미 낸 자동차보험료 돌려받자

자동차보험료는 처음 가입할 때 50%를 할증해서 받는다. 초보운전이기에 사고 위험이 높다고 예상하기 때문이다. 이후 무사고를 유지하면 보험료가 떨어져 3년이 지나면 정상

보험료로 돌아온다. 2년 이상 운전자의 경우 최대 소형차는 30%, 중형차는 9%가 절약되며, 3년 이상 운전자의 경우 최대 소형차는 36%, 중형차도 30%를 돌려받을 수 있다. 이를 위해선 금융감독원 '파인' 사이트에 들어가 '잠자는 내돈 찾기'라는 코너 → '자동차보험료 과납보험료'를 클릭해 자신의 보험료 납부현황도 조회하고 환급신청 할 수 있다.

10
교통사고를 당했을 때
자동차보험 활용 노하우

사례 | 신혼부부 강당혹 씨는 퇴근시간 정체구간 진입 중 경미한 범퍼 접촉사고를 냈다. 차를 빼달라는 뒤 차량의 경적소리에도 사고를 처음 겪는 강 씨는 무엇부터 어떻게 처리해야 하는지 몰라 몹시 당황스러웠다.

이처럼 보통 사람들은 자동차사고를 당하면 머리가 하얘지면서 사고 수습을 제대로 하기가 어렵다. 하지만 이를 잘 해결하기 위해서는 차분하게 인명피해를 먼저 살피고 경찰서와 보험사에 연락하고 사고현장 보존 등 절차를 이행해야 한다. 교통사고를 당했을 때 자동차보험을 잘 활용하는 노하우 6가지를 알아보자.

① 구호조치 비용도 보험처리 가능

교통사고가 난 경우 운전자는 우선 자동차를 멈추고, 피해자가 부상을 입었는지 살펴 병원으로 옮기거나 119에 신고하는 등 구호조치를 취해야 한다. 이때 피해자에 대한 응급치료, 호송 및 그 밖의 긴급조치에 지출된 비용은 추후 보험회사로부터 보상받을 수 있다. 여유가 있다면, 불필요한 분쟁을 줄이기 위해서는 사고당시 상황에 대한 정확하고 객관적인 자료를 확보할 필요가 있다. 사고현장과 차량 파손부위 등에 대한 사진, 동영상 등을 촬영해 두면 향후 발생할지 모르는 과실비율 분쟁을 예방할 수 있다.

② '교통사고 신속처리 협의서'를 활용해 사고내용 기록

갑자기 사고를 당하면 사고에 대해 무엇을 어떻게 확인해야 하는지 잘 떠오르지 않을 수 있다. 이 경우에는 보험회사에서 공통으로 사용하고 있는 '교통사고 신속처리 협의서'를 이용해 △사고일시 및 장소 △사고관계자 정보 및 피해상태 △사고 내용 등 필요한 사항을 빠짐없이 정리할 수 있다. '교통사고 신속처리 협의서'는 평소에 손해보험협회 홈페이지 또는 각 보험회사 홈페이지에서 내려 받아 차량에 비치해 두면 유용하다.

③ 보험회사 견인서비스 이용 시 10km까지는 무료

교통사고 후 사고현장의 혼잡 등으로 운전자가 경황이 없을 때 일반 견인사업자가 임의로 차량을 견인한 후 운전자에게 견인요금을 과다하게 청구하는 사례가 많아 유의할 필요가 있다. 참고로 교통사고로 자신의 차량을 견인하여야 하는 경우 보험회사의 '사고(현장)출동 서비스'를 이용할 수 있다. '사고(현장)출동 서비스' 이용비용은 견인거리가 10km 이내이면 무료, 10km 초과 시에는 매 km당 2000원 정도의 요금만 내면 되기 때문에 일반 운송사업자의 견인요금에 비해 저렴하다. 일반 견인업체를 이용하는 경우 견인 전에 견인업자로부터 견인요금을 통지받을 수 있으며, 통지받은 견인요금이 적정한지 확인한 다음 견인에 동의하는 것이 바람직하다. 또한 추후 과대요금 피해를 방지하기 위해 견인기사 연락처, 견인차량번호 및 견인영수증을 받아 두는 것이 좋다. 부당한 견인요금 청구 등 피해 발생 시 한국소비자원이 운영하는 '1372 소비자상담센터'에 조정을 요청할 수 있다.

④ 가해자 측 보험회사에 직접 손해배상 청구도 가능

자동차 사고 후 가해자가 보험회사에 사고접수를 하지 않는 경우 피해자가 직접 가해자가 가입한 보험회사에 손해배상을 청구할 수 있다. 이 경우 피해자로부터 직접 보험금 지급 청구를 받은 가해자 측 보험회사는 이를 피보험자인 가해자에게 알리고 보험금 지급절차를 진행하게 된다. 특히 교통사고로 치료가 필요함에도 가해자가 사고접수를 해주지 않아 치료를 받지 못하는 경우, 피해자는 경찰서의 '교통사고 사실확인원'과 병원의 '진단서' 등을 첨부해 직접 손해배상 청구를 할 수 있다.

⑤ 사고조사 지연 시 '가지급금 제도' 활용

경찰서에서 교통사고 원인조사(가해자와 피해자 구분) 등으로 사고조사가 길어지는 경우, 피해자는 '가지급금 제도'를 통해 치료비 등을 먼저 받을 수 있다. 자동차보험 진료수가에 대해서는 전액을 가지급금으로 지급받을 수 있으며, 자동차보험 진료수가 이외의 손해배상금은 약관에 따라 지급할 금액의 50%의 한도 내에서 가지급금을 지급받을 수 있다.

⑥ 무보험차 사고 시 '정부 보장사업제도' 등 활용

가해자가 보험에 들지 않았거나 도주(뺑소니)한 경우에는 정부가 운영하는 '자동차손해배상 보장사업제도'를 통해 보상받을 수 있다(보장사업 1인당 보상한도: 사망 최고 1억5000만 원, 부상 최고 3000만 원, 후유장해 최고 1억5000만 원). 피해자는 경찰서의 '교통사고 사실확인원', 병원의 '진단서' 등을 발급

받아 11개 보험회사 어디에서든 이를 신청할 수 있다. 만일 피해자가 '무보험자동차에 의한 상해' 담보에 가입했다면 보험 증권에 기재된 보험가입금액 내에서 '자동차손해배상 보장사업제도'의 보상한도를 초과하는 손해를 보상받을 수 있다.

다만 '자동차손해배상 보장사업제도' 및 '무보험자동차에 의한 상해' 담보 모두 피해자의 신체에 생긴 손해만 보상하고, 자동차의 파손 등 재물에 생긴 손해는 보상하지 않는다. 자동차 파손 손해는 자기차량손해 담보 등에 따라 보상을 청구해야 한다.

Chapter 6

황금알을 키우는
야무진 재테크 꿀팁 10

* * * * * *

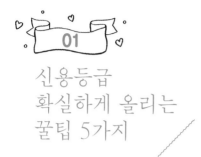

01

신용등급
확실하게 올리는
꿀팁 5가지

사례 | 사회초년생 장그래 씨는 전세자금 대출을 받는 과정에서 자신의 신용등급이 생각보다 낮아 충격을 받았다. 은행에 빚이 없어도 금융 활동이 적은 탓에 신용등급이 낮았기 때문이다. 장 씨는 평소에 핸드폰 요금과 공과금을 꾸준히 납부하면 신용등급을 올릴 수 있다는 주변의 조언을 듣고 신용등급을 올릴 방법을 알아보기로 했다.

이처럼 개인 신용등급의 영향을 받는 항목은 우대금리, 수수료, 우수고객 선정 등 금융회사가 판매하는 상품과 서비스가 모두 녹아 있다. 그 때문에 금융 소비자들이 금융회사 거래에서 최우선으로 신경 써야 할 것을 꼽으라고 한다면 신용등급 관리라고 할 수 있다. 지금부터 신용등급을 올리는 5가지 금융 꿀팁을 알아보자.

① 휴대전화 요금, 건강보험료 등 성실 납부 실적 제출

통신요금과 국민연금, 건강보험료, 도시가스·수도요금 등을 6개월 이상 납부한 실적을 신용조회회사(CB)에 제출하면 5~17점의 가점을 받을 수 있다. 또한, 성실납부 기간(6~24개월)이 길수록 가점폭이 확대되거나 가점받는 기간이 늘어나므로 꾸준히 납부 실적을 제출할 필요가 있다. 가점을 받고 싶다면 직접 신용조회회사 홈페이지에 접속해 '비금융정보 반영 신청'을 해야 한다. 국민연금이나 건강보험료는 본인인증을 거쳐 등록 가능하다. 통신요금과 도시가스·수도요금은 각 기관에서 납부내역을 발급받은 후 우편·방문·팩스 등을 통해 등록할 수 있다. 특히 대학생이나 사회초년생 등 금융거래 실적이 많지 않아 신용정보가 부족한 사람은 이러한 가점 제도를 활용하면 도움이 된다. 앞으로 금감원과 신용조회회사는 공공요금 성실납부자에 대한 가점 폭을 대폭 확대할 예정이다. 다만, 현재 연체 중인 자 등은 가점부여 대상에서 제외될 수 있으며 대출·신용카드 사용 등의 신용정보가 풍부한 사람의 가점 폭은 축소될 수 있다.

② 햇살론 등 서민금융 대출금은 성실히 내자

미소금융·햇살론·새희망홀씨·바꿔드림론 등 서민금융 프로그램을 통해 대출받은 후 1년 이상 성실히 상환하거나 대출원금의 50% 이상을 상환하는 경우 5~13점의 가점을 받을 수 있다. 신용등급 개선을 위해서는 서민금융을 지원받은 후 연체 없이 상환하는 것이 중요하다. 이러한 서민금융 성실 상환에 따른 가점은 신용조회회사가 금융회사 등으로부터 성실 상환 기록을 통보받아 반영하므로 본인이 별도로 상환실적을 제출할 필요는 없다. 다만 신용등급이 1~6등급이거나, 현재 연체 중인 자 또는 연체경험자, 다중채무자(2개 이상 금융회사에서 대출을 받는 자) 등은 가점부여 대상에서 제외되거나 가점 폭이 제한될 수 있다.

③ 학자금 대출 1년 이상 성실하게 갚자

한국장학재단으로부터 받은 학자금 대출을 연체 없이 1년 이상 성실하게 상환 시 5~45점의 가점을 받을 수 있다. 서민금융과 마찬가지로 학자금대출 성실상환에 따른 가점은 신용조회회사가 한국장학재단으로부터 학자금대출 성실 상환자 명단을 통보받아 반영한다. 본인이 별도로 상환기록을 제출할 필요는 없다. 다만 신용등급 1~5등급이거나, 현재 연체중인 자, 다중채무자(3개 이상 금융회사에서 대출을 받는 자) 등은 가점부여 대상에서 제외되거나 가점 폭이 제한될 수 있다.

④ 체크카드 연체 없이 꾸준히 사용하자

체크카드를 연체 없이 월 30만 원 이상 6개월 동안 사용하거나, 6~12개월 동안 지속적으로 사용할 시 4~40점의 가점을 받을 수 있다. 체크카드 가점은 신용조회회사가 금융회사 등으로부터 체크카드 사용실적을 통보받아 부여하므로 본인이 별도로 사용실적을 제출할 필요는 없다. 현재 연체 중인 자 또는 연체경험자, 다중채무자(3개 이상 금융회사에서 대출을 받는 자), 현금서비스 사용자 등은 가점부여 대상에서 제외되거나 가점 폭이 제한될 수 있다.

⑤ 재기한 '성실' 중소기업인

사업에 실패했더라도 중소기업진흥공단에서 재창업자금을 지원받은 중소기업인은 10~20점의 가점을 받을 수 있다. 이러한 재기 중소기업인 가점은 중소기업진흥공단이 신용조회회사에 재기 기업인으로 통보하는 경우 반영된다. 본인이 별도로 증빙자료를 제출할 필요는 없다. 현재 연체 중인 자 등은 가점부여 대상에서 제외되거나 가점 폭이 제한될 수 있다. 금융거래에 있어 신분증과 같은 신용등급을 올리기 위한 첫 걸음은 자신의 신용등급이 몇 등급인지를 수시로 확인하는 등 평소 신용등급에 관심을 기울이는 것이다. 개인신용등급은 신용조회회사인 '나이스평가정보'와 '코리아크레딧뷰로'에서 금융거래 실적 등 다양한 자료를 바탕으로 책정한다. 자신의 신용등급을 알고 싶은 사람은 누구든지 신용조회회사(CB)에서 운영하는 사이트에 접속하여 4개월에 한 번씩 1년에 총 3회까지 무료로 확인해볼 수 있다. 아래 두 사이트를 통해 신용등급을 확인해 보자.

| 나이스지키미

① https://www.credit.co.kr에 접속
② '무료신용조회' 클릭
③ '전 국민 무료신용조회 신청' 클릭
④ '신용평점관리' 클릭
⑤ 신용등급 확인

| 올크레딧

① http://www.allcredit.co.kr에 접속
② '전 국민 무료신용조회' 클릭
③ '열람하기' 클릭
④ 신용등급 확인

1년에 3회를 초과하여 신용등급을 확인하고자 하는 사람은 신용조회회사(CB)에 일정비용을 지불하고 자기의 신용등급을 확인할 수 있다. 신용등급을 확인(조회)하더라도 신용등급에는 영향을 미치지 않는다. 과거에는 신용조회사실이 신용등급에 영향을 준 적이 있으나 2011년 10월 이후부터는 신용등급조회 사실은 신용평가에 반영하지 않도록 개선되었다. 자신의 신용등급에 이의가 있으면 우선 신용조회회사 고객센터를 통해서 신용등급 산출 근거 등을 확인하고 설명을 들을 수 있다.

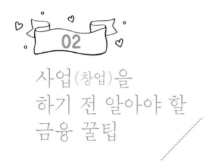

02

사업(창업)을
하기 전 알아야 할
금융 꿀팁

　2018년부터 자영업자들도 고용보험에 쉽게 가입할 수 있게 됐다. 정부가 소상공인, 자영업자에게 부담이 되는 임대료와 인건비 부담을 낮추고, 이들이 고용보험과 산재보험에 더욱 쉽게 가입할 수 있도록 '사회안전망'을 갖추는 당정 대책을 발표했기 때문이다. 최근 녹록치 않는 회사생활을 접고 창업을 준비하는 사람들이 매년 늘고 있다. 특히 신혼부부일 경우 창업으로 인해 가계에 큰 영향을 미칠 수 있다.

　급여소득자보다 상대적으로 불규칙한 수입으로 자산관리에 애를 먹고 있는 자영업자들은 노후 준비를 어떻게 해야 할까. 성공적인 창업을 위해 비용을 줄일 수 있는 금융 꿀팁을 알아보자.

① 소자본 사업자의 든든한 파트너 '노란우산공제'

먼저, 자영업자에게 퇴직연금과 같은 혜택을 제공하는 '노란우산공제'를 추천한다. 노란우산공제는 사업이 실패했을 경우 압류되는 금융자산 목록에서 제외되며, 사업 재기 수단으로 활용할 수 있는 동시에 연 500만 원까지 소득공제를 받을 수 있다. 가입 대상은 비영리법인과 유흥주점 등을 제외한 소기업과 소상공인 범위에 포함되는 개인 자영업자나 법인 모두 가능하다. 또한 개인사업자가 폐업했거나 사망했을 시 냈던 공제금을 연 복리 이율을 적용받아 지급받을 수 있으며 질병이나 부상으로 인해 법인 대표에서 퇴임하거나 만 60세 이상으로 10년 이상 부금을 납부했을 시에도 공제금을 지급받을 수 있다.

이외에도 노란우산공제는 자금 지원 말고도 부가 서비스로 소기업·소상공인 경영지원단을 운영하고 있다. 법률·세무·지식재산·노무·회계 등 전문가의 상담을 무료로 받을 수 있다. 또 휴양시설(호텔, 리조트 등), 의료시설(대학병원, 건강검진센터), 렌터카 등을 할인된 가격에 이용할 수 있다. 가입 후 2년간 최대 월 납부금액의 150배까지 단체상해보험도 지원한다.

② 사업자 등록하면 임대료·전화·가스요금 돌려받는다

업종과 상관없이 사업을 시작할 때는 사업자등록부터 하는 게 좋다. 사무실 임대, 인테리어, 물품구입 등 사업 초기에는 비용이 많이 드는데 사업자등록을 하면 각 비용에 포함된 부가세 10%를 공제받을 수 있기 때문이다. 사업자등록은 사업 개시일로부터 20일 이내에 관할 세무서나 홈텍스를 통해 할 수 있는데, 등록하지 않으면 가산세가 부과된다. 또한 사업자 등록 시 휴대폰, 전기, 전화, 가스요금도 부가세를 돌려받을 수 있다. 사업을 하지 않아도 당연히 드는 비용이기에 쌓이면 큰 지출을 줄일 수 있다.

방법도 쉽다. 해당 요금을 내는 곳에 사업자등록증을 보내면 된다. 통신요금은 통신사, 전화요금은 전화국, 전기요금은 한국전력, 가스요금은 가스 회사에 보내면 해당 과세연도 부가세 신고기간에 공제 받을 수 있다. 한 달에 휴대전화 30만 원, 전기 10만 원, 가스 10만 원 정도 내는 사업자라면 월 5만 원, 연 60만 원의 공제를 받을 수 있다.

③ 부가세 공제받고 증빙자료 만들자

부가세 공제를 받게 되면 영수증에 세금계산서 내역이 적혀 나온다. 사업목적으로 비용을 써 부가세 환급을 받았다는 증거이므로 증빙 자료가 된다. 법인세나 종합소득세 신고 시

적격증빙으로 활용할 수 있다. 참고로 증빙은 세금계산서 외에 계산서, 현금영수증, 신용카드 영수증 등이 인정된다. 증빙 없이 신고할 경우 가산세(공급가액의 2%)를 내야 한다. 또한, 권리금을 지급할 때도 세금계산서를 수취하거나 기타소득으로 원천징수하는 것도 도움이 된다.

④ 건물임대료는 송금한 계좌내역으로 증빙 가능하다

건물 임대료는 송금한 계좌내역으로도 증빙할 수 있다. 간혹 소득을 축소신고하기 위해 월세가 200만 원인데 100만 원짜리 영수증을 발급하는 건물주도 있다. 이때 계좌 내역을 증빙으로 활용하면 된다. 세금계산서 발행을 거부하거나 추가로 10% 비용(부가세)을 요구할 경우 국세청 홈텍스에 탈세신고를 하면 된다.

⑤ 고용보험 가입 시 실업급여도 가능

국민연금과 고용보험은 최대 60%까지 지원 받을 수 있다. 규모가 작은 회사의 경우 인력 채용은 큰 부담이다. 4대 보험료만 급여의 10~20% 수준이기 때문이다. 직원 1명당 월평균 급여가 140만 원 미만, 10인 미만의 사업장이라면 국민연금과 고용보험 공제 혜택을 적극 활용하는 게 좋다. 입사 전 3년간 고용보험에 가입하지 않았고 실업급여를 받지 않은 신규가입자는 60%, 기존 가입된 근로자라면 40%를 공제받을 수 있다. 2018년 최저 실업급여액은 4개월 동안 세전 월 180만 원이다. 자세한 내용은 고용보험 홈페이지에서 실업급여 모의계산기를 통해 알아볼 수 있다.

03

은퇴기가 된
시댁·처가 부모님을 위한
금융투자 꿀팁

올해 70세가 된 김부자 씨는 단기 여유자금을 운용할 목적으로 증권사를 찾았지만, 상품 투자에 어려움을 겪어 발길을 돌렸다.

대체로 자녀가 결혼할 때가 되면 시댁·처가 부모들은 은퇴하는 연령에 도달한다. 이들은 주식, 펀드 등 금융투자상품에 투자하거나 투자 경험이 없어 증권사 영업점으로 가기도 한다. 우리 부모님들을 위한 금융투자 꿀팁 5가지를 알아보자.

① 70세 이상 고령자는 '전용상담창구' 활용하자

증권사 지점 등 금융투자상품을 판매하는 영업점에는 70세 이상 고령자를 위한 전용상담창구가 마련돼 있다. 70세 이상인 어르신들은 증권사 등 판매회사 영업점을 방문하였을 경우 전용상담창구에서 상담 받고 싶다는 의사를 직원에게 전달하면 전문상담직원의 상세하고 친절한 상담을 받을 수 있다. 또 영업점 전문상담직원의 설명이 잘 이해되지 않을 때는 가족에게 전화하여 직원의 설명내용을 들려주고, 가족의 도움을 받아 투자 여부를 결정할 수 있다. 만약 가족과의 통화가 쉽지 않다면 해당 지점 관리직 직원의 동석을 요구해 보다 자세한 설명을 들은 후에 투자 여부를 결정할 수도 있다.

② '투자권유 유의상품'에 대한 투자는 신중

주가연계상품(ELS), 주가연계신탁(ELT) 등 상품구조가 복잡하고, 투자위험이 높은 파생상품 등은 '투자권유 유의상품'으로 지정돼 있다. 투자하고자 하는 상품이 이에 해당된다면 본인 스스로 상품을 제대로 이해하고 있는지 충분히 생각한 후 투자여부를 보다 신중히 결정하는 것이 바람직하다.

③ '부적합확인서' 작성하고 투자하지 말자

고령자는 퇴직금 등 노후자금을 투자자금으로 사용하는 경우가 대부분이므로 안정된 노후생활을 위해서는 자금의 성격을 고려하여 본인의 투자성향보다 안전한 금융투자 상품을 선택할 필요가 있다. 또 고령자는 병원 치료비 마련 등 돌발 상황에 대비하여 만기가 짧고 쉽게 환매할 수 있는 금융 투자 상품에 투자하는 것이 바람직하다. 만일 투자자가 판매 직원의 투자권유 없이 본인의 책임으로 자신의 투자성향보다 고위험상품에 투자할 경우 이러한 사실을 확인하는 '부적합 확인서'를 작성해야 한다. 부모님들이 고수익을 좇아 '부적합 확인서'까지 작성하면서 본인의 투자성향보다 위험부담이 큰 고위험상품에 투자할 경우 자식들이 옆에서 뜯어말릴 필요가 있다.

④ ELS 등 투자 시에는 '적합성 보고서' 확인

증권사 등 판매회사는 고령자에게 ELS 등 파생결합증권을 권유할 경우에는 '적합성 보고서'를 작성한 후 투자자에게 교부해야 한다. '적합성 보고서'는 금융투자업자가 ELS 등 고위험 파생결합증권을 투자 권유하는 경우 핵심 위험사항과 권유사유를 작성하여 투자자에게 제공하는 서류이다. 어르신들이 ELS 등에 투자할 경우에는 '적합성 보고서'의 내용이 증권사의 투자 권유 내용과 일치하는지 반드시 확인할 필요가 있다.

⑤ ELS 등에 투자한 경우 '투자자 숙려제도' 활용

지난해부터 70세 이상 고령자가 ELS 등 파생결합증권에 청약하였을 경우에는 2영업일 이상 투자 여부를 재고할 수 있는 '투자자 숙려제도'를 시행하고 있다. 만일 70세 이상 어르신이 ELS 등에 투자한 이후에 가족 등 조력자와 상의한 결과 청약을 철회하고 싶다면 철회기한, 철회방법 등을 확인하여 숙려기간 내에 증권사 등 판매회사가 정한 절차에 따라 투자를 철회할 수 있다.

04

금융소비자가 억울한
손해 입을 경우
대응 꿀팁 5가지

직장인 권억울 씨는 카드 청구서를 확인하던 중 황당한 내역을 발견했다. 자신이 가입하지도 않은 리볼빙 서비스의 수수료가 붙어 있는 것이다. 화가 난 권 씨는 카드사에 항의했지만 상담직원은 어쩔 수 없다는 답변만 반복했고 꼼짝없이 수수료를 물어야 하는 상황에 억울할 수밖에 없었다. 이같이 금융 생활 중 불편하거나 부당한 일을 당했을 때, 금융소비자가 활용할 수 있는 5가지 방법을 소개한다.

① 우선 '☎1332' 통해 상담

금감원은 '콜센터 1332'를 통해 은행, 보험, 증권 등 금융 전반에 대한 금융상담 서비스를 제공하고 있다. 전국 어디서나 국번 없이 1332로 전화하면 금융회사에 대한 불만, 피해(ARS ①번)는 물론 보이스피싱 등과 같은 금융사기 피해에 대한 상담서비스(ARS ②번)도 이용할 수 있다. 우리말이 서툰 외국인을 위해 통역 서비스도 하고 있다.

금융상담 서비스는 전화 이외에 방문상담, 인터넷 및 모바일을 통해서도 가능하다. 금융피해상담 외에 서민금융 지원(③번) 및 금융자문(자산, 부채관리 등)(⑦번)과 관련된 상담도 받을 수 있다. 신속한 대처가 필요한 보이스피싱 등 사기피해에 대한 상담서비스(ARS 0번)도 제공받을 수 있다. 또한 지난해 11월부터는 우리말 소통이 원활하지 않은 외국인들도 상담을 받을 수 있도록 외국인 상담서비스를 제공하고 있다. 금융상담 서비스는 전화 외에 금감원 방문(여의도 본원, 전국 11개 지원), 인터넷채팅(e-금융민원센터)을 통해서도 이용할 수 있다.

② 상담으로 해결 안 되면 금감원 민원 접수

금융감독원은 '금융상담서비스' 외에 '금융민원 처리 서비스'를 제공한다. 금융상담을 통해 해결되지 않거나 구체적인 사실관계 확인이 필요한 문제가 있는 경우 '금융민원 처리 서비스'를 통해 보다 상세한 답변을 받을 수 있다. 민원을 접수하면 금융회사를 거치지 않은 민원은 민원인과 금융회사 간

자율조정을 거치고 이미 금융회사를 거친 민원이나 자율조정을 통해 해결되지 않은 민원은 금융감독원이 직접 처리한다. 민원 접수는 인터넷, 우편, FAX 및 방문(여의도 본원, 전국 11개 지원)을 통해 가능하다. 인터넷을 이용할 경우 e-금융민원센터를 통해 간편하게 민원을 접수할 수 있으며 우편·FAX·방문을 통해 접수할 경우 민원신청서류를 작성해 제출하면 된다. 민원신청서류는 e-금융민원센터에서 다운받을 수 있으며 여의도 본원 및 지원에도 비치돼 있다.

③ 자동차 과실비율 등 특수 민원은 금융협회에서 처리

손해보험협회, 금융투자협회, 여신금융협회에서는 일부 민원에 대해 자율조정을 하고 불법행위에 대해 신고를 받고 있다. 손해보험협회(구상금분쟁심의위원회)는 자동차사고 과실비율에 대해 당사자 간 합의가 이루어지지 않거나 제삼자의 전문적인 판단이 필요한 경우 과실비율을 심의하고 있다. '구상금분쟁심의위원회'에 심의가 청구되면 변호사로 구성된 심의위원이 분쟁 당사자들이 제출한 자료를 근거로 과실비율을 심의·결정한다. 금융투자협회는 분쟁조정위원회를 통해 금융상품 불완전판매 등 금융투자회사의 영업행위와 관련된 분쟁을 조정하고 있다. 여신금융협회에서는 신용카드 가맹점의 부당행위, 신용카드 불법모집 등에 대해 신고를 받고 있다.

'구상금분쟁심의위원회'의 심의 당사자는 양측 보험회사이기 때문에 과실비율에 대한 분쟁이 있는 경우 보험회사를 통해 심의를 청구할 수 있다. 여신금융협회의 경우 신용카드 가맹점의 부당행위, 신용카드 불법모집 등에 대한 신고를 받고 있다. 홈페이지를 통해 신고할 수 있다.

④ 소송 제기 전 금감원 분쟁조정 기능 활용

보험금 과소 또는 미지급, 불완전판매로 인한 손실보상 등과 같은 금융거래와 관련한 분쟁이 있으면 금융소비자는 소송제기 전 언제든 금감원에 분쟁조정을 신청할 수 있다. 이 제도를 이용하면 복잡한 분쟁에 대한 금융전문가의 조언과 도움을 받을 수 있으며 비용부담이 없고 소송제기와 비교해 짧은 기간 내에 처리결과를 확인할 수 있다. 인터넷, 우편, FAX 및 방문을 통해 신청할 수 있다. 금융 분쟁조정은 소비자와 금융회사 간 다툼이 발생한 경우 합리적인 해결 방안을 제시해 당사자 간의 합의에 따른 원만한 분쟁 해결을 도모하기 위해 운영되는 법률상 제도다.

⑤ 최종 수단으로 민사소송 제기

금융 분쟁조정을 통해서도 해결되지 못한 민원 또는 분쟁에 대해서는 민사소송을 통한 피해구제가 가능하다. 변호사와 같은 전문가의 도움을 받을 수 없다면 법원 홈페이지 '전자소송'을 이용하여 직접 소장 제출이 가능하며 소송에 필요한 각종 서식은 '나홀로 소송' 메뉴에서 구할 수 있다. 대한법률구조공단에서는 경제적으로 어렵거나 법을 잘 모르는 국민들에게 법률상담, 변호사 소송대리 등의 법률적 지원을 하고 있다.

05
펀드 투자 시
비용 줄이는
금융 꿀팁 7가지

신혼부부 김행복 씨는 얼마 전 중남미 지역에 투자하는 공모 재간접 펀드에 가입했다. 중남미 지역은 자원도 풍부해 향후 경제가 발전하면서 주식시장도 덩달아 오를 것으로 예상했기 때문이다. 문제는 펀드 운용과 판매, 관리의 대가로 상당히 많은 돈을 수수료라는 명목으로 떼어갔다. 그는 1년이 지나 자산운용보고서를 확인했다. 수익률은 상당히 났지만, 자세히 보니 펀드에서 수수료 명목으로 1.9%나 떼어갔다. 판매사에 문의했더니 "재간접 펀드는 총보수·비용에 더해 펀드가 편입한 투자 대상 펀드의 운용보수 등이 추가 비용으로 발생한다"는 대답만 돌아왔다. 이같이 펀드투자 시 수익률만큼 중요한 게 비용이다. 같은 상품이라고 해도 판매보수 등 수수료 부과 방식에 따라 수익률이 크게 달라질 수 있기에 이를 잘 따져 가입해야 한다. 지금부터 펀드 투자 시 비용을 절감할 수 있는 7가지 비용절감 노하우를 알아보자.

① 장기투자는 A 클래스가 유리

먼저, 장기투자는 판매보수가 낮은 A 클래스가 유리하다. 일반적으로 A 클래스는 선취수수료를 받지만 매년 내는 판매보수는 낮다. 반면, C 클래스는 선취수수료가 없는 대신 매년 내는 판매보수가 더 높은 경우가 많다. 3년 이상 장기투자를 하는 경우라면 A 클래스가 유리하다. 여기서 말하는 클래스란 동일한 펀드 내에서 판매수수료의 부과시점, 가입경로 등에 따라 구분되는 펀드의 세부 종류를 말한다. 이 클래스에 따라 기준가격이나 판매보수 및 수수료가 달라질 수 있다.

② 단기투자는 C 클래스가 유리

1년 이내 단기투자는 C 클래스가 유리하다. 특히 단기투자자는 가입 초기의 판매보수율이 높은 CDSC(Contingent Deferred Sales Charge) 클래스는 피하는 게 바람직하다. CDSC는 체감식판매보수 방식으로 초기에 비용이 많고 시간이 지날수록 비용이 감소하는 특징이 있다.

③ 금투협 홈페이지에서 판매사별 수수료 비교

금융투자협회 홈페이지에서 판매사별 판매수수료를 비교하라. 동일한 펀드 클래스라면 어느 판매사에서 가입하더라도 동일한 판매보수를 부담한다. 그러나 투자자가 직접 지불하는 판매수수료는 일정한 범위(통상 1% 이내)에서 판매사별로 차이가 날 수 있다. 따라서 동일한 펀드라도 판매사별 판매수수료를 비교해 본 후 선택하는 게 좋다.

④ 온라인 가입 판매보수가 더 저렴하다

펀드는 온라인으로 가입하면 수수료가 더 저렴하다. 증권사 창구에서 펀드에 가입하는 것보다는 온라인으로 펀드에 가입하는 것이 전체적인 수수료를 아끼는 방법이다. 온라인으로 펀드에 가입하면서 수수료 혜택도 받으려면 클래스 기호에 알파벳 'E'나 'S'가 표기된 펀드를 선택해야 수수료 혜택을 받을 수 있다는 점을 기억해야 한다. 온라인 가입 전용 펀드와 일반 펀드 간에는 연간 약 0.5% 정도의 수수료 차이가 난다. 적은 금액일 수도 있지만 아끼면 돈이다. 정확한 수수료율을 알기 위해선 금융투자협회 '펀드다모아' 사이트를 조회해 보면 된다.

⑤ 성과보수 펀드, 전액 환매 의무에 유의

성과보수 펀드는 전액 환매 의무에 유의해야 한다. 펀드의 수익률에 연동해 운용보수가 결정되는 펀드를 '성과연동 운용보수 펀드(성과보수 펀드)'라고 한다. 성과보수 적용 펀드는 수익률이 목표수익률보다 낮을 경우에는 유사한 정률보수(자산기준 보수) 펀드에 비해 약 50% 정도 저렴한 기본보수(운용보수)만 내면 되지만, 펀드 성과가 좋을 경우에는 정률보수 펀드보다 더 높은 비용부담을 질 수 있음에 유의해야 한다. 특히 주의할 점은 이 펀드는 투자금액 일부만 환매하는 것은 불가능하고 전액환매만 가능하다.

⑥ 환매수수료 부과 여부 체크

환매수수료 부과 여부를 점검해야 한다. 대다수 펀드에서 환매수수료는 가입 후 약 1~3개월 이내에 환매할 경우 부과되나, 펀드에 따라서는 10년 동안 환매수수료가 부과되기도 한다. 펀드 가입단계에서부터 투자 예상기간과 환매수수료의 부과 기간을 반드시 비교 확인해봐야 한다. 단기 투자자라면 환매수수료를 부과하는 펀드는 피하는 게 좋다. 참고로, 환매수수료는 이익금 기준으로 산정되는 펀드가 있고, 전체 환매금액 기준으로 산정되는 펀드도 있다. 환매금액을 기준으로 환매수수료를 산정한다면 실제는 더 큰 환매수수료에 노출될

수 있으므로 투자 전 환매수수료의 부과기준을 꼼꼼히 살펴
보자.

⑦ 재간접펀드, 추가비용 발생함에 유의

마지막으로 재간접펀드는 추가비용이 발생할 수 있다. 다
른 펀드에 투자하는 재간접펀드는 일반 펀드와 달리 추가적
인 비용부담이 발생한다는 점에 유의해야 한다. 주식과 채권
등에 직접 투자하는 일반 펀드의 투자비용은 총보수·비용(판
매비용+운용비용+수탁·사무관리보수+기타비용)으로 결정되지만
재간접 펀드는 펀드가 편입하는 투자대상 펀드의 비용이 추
가된다. 즉 재간접펀드는 피투자펀드 비용을 합산한 합성 총
보수와 비용으로 비교해야 한다는 얘기다. 그렇기에 재간접
펀드는 피투자펀드 비용을 합산한 합성 총보수·비용으로 비
교해야 한다. 합성 총보수·비용은 투자설명서의 '보수 및 수
수료' 항목에서 확인할 수 있다.

06

"정의롭게 부자 되자"
포상금 '10억' 받는 법

이번에는 부자가 되는 방법을 소개해 본다. 대한민국에서 처음으로 '부자학'을 만든 서울여대 한동철 교수는 일반인에게 부자 되는 방법으로 6가지 비결을 알려주고 있다. 어떤 방법일까?

첫째, 일반 직장 그만두고 당장 장사에 뛰어들어라.

둘째, 출생에 답이 있다. 부자 아빠를 두어라.

셋째, 부자와의 결혼을 통한 신분 상승을 노려라.

넷째, 혹시 운이 따르면 부자가 될 수도 있다.

다섯째, 부자만이 가진 정보를 습득하라.

여섯째, 이도 저도 아니라면 죽으라고 절약하고 투자해서 모아라.

이걸 보면 고개가 끄덕거리면서도 부자가 되는 게 쉽지 않다는 걸 한 번 더 깨닫게 된다. 하지만 이 외에도 로또만큼 큰 돈을 한 번에 벌 방법이 2가지 더 있다.

① 회계부정 신고 시 최고 10억 원 포상금

먼저 금감원에 회계부정을 신고하는 것이다. 이 방법은 사회정의를 실현하면서 부자까지 될 수 있는 일거양득의 방법이다. 회계부정행위를 신고할 경우 건당 최대 10억 원의 포상금이 지급되기 때문이다. 회계부정 신고는 금감원 회계포탈 내 '신고센터' 메뉴를 통해 가능하다. 신고 시에는 신고자의 이름과 주민등록번호, 주소, 전화번호 등을 기재하고 위반행위의 구체적인 내용을 적시해야 한다. 신고내용은 금감원 감리와 조사업무의 기초자료로만 활용된다. 신고자의 신상정보와 신고내용은 공개되지 않는다. 회계포탈의 회계부정신고 메뉴를 통해 회사의 회계부정 신고도 가능하다. 금감원은 회계부정 신고자에 대해 기여도와 중요도를 판단해 건당 최고 10억 원의 포상금을 지급한다.

한편, 회계정보는 금감원 회계포탈 사이트를 활용하면 회계에 대한 모든 정보를 얻을 수 있다. 금감원 회계포탈의 △회계기준 △감사기준 △회계감리 △자료실 등을 이용하면 회계처리기준, 회계심사기준, 분식회계, 국제회계기준 동

향 등 회계 관련 자료를 파악할 수 있다. 회계위반 제재여부
도 검색할 수 있다. 금감원은 감리 결과 회계처리기준을 위
반하거나 일정수준 이상의 조치가 부과된 경우 조치일로부
터 3년간 홈페이지에 관련 내용을 게시하고 있다. 제재 내용
은 금감원 회계포탈 내 '회계감리' 메뉴에서 확인할 수 있다.
이 밖에도 주식투자자 등에게 도움을 줄 수 있는 정보도 제공
한다. 한편 금감원은 회계부정 행위에 대한 사회적 감시환경
조성을 위해 포상금을 1억 원에서 최대 10억 원으로 올렸다
고 밝혔다.

② 공정위, 불공정거래 신고 시 최고 20억 원 포상금 지급

두 번째는 공정위에 신고하는 것이다. 공정거래위원회는
'일감 몰아주기' 등 총수일가 사익편취행위, 부당지원행위,
하도급 및 유통분야에서의 불공정행위 감시 강화를 위해 '공
정거래법 위반행위 신고자'에 대한 포상금을 지급하고 있다.
신고포상금 고시의 주요 개정 내용을 살펴보면, 총수일가 사
익편취행위(일감몰아주기) 신고자에 대한 포상금 지급액은 최
대 20억 원까지 신고포상금 지급이 가능하도록 했다. 포상금
지급액은 신고 된 위반행위의 조치 수준(과징금, 시정명령 또
는 경고)과 신고 시 제출된 증거 수준(최상·상·중·하)을 고려
해 산정한다. 예를 들어, 신고 된 행위에 대한 과징금 부과액

이 60억 원이고 증거 수준이 최상일 경우 기존 부당지원행위 신고자에 대해서는 2억8500만 원이 포상금으로 지급됐지만, 사익편취행위 신고자에는 5억7000만 원이 포상금으로 지급된다. 2018년 7월부터는 대리점 갑질을 제보하면 신고포상금을 받을 수 있다. 입증 가능한 증거자료를 최초로 제출했을 때 받을 수 있으며, 해당 회사의 임직원도 지급 대상이라 내부 신고도 가능하다. 입증 가능한 증거자료를 최초로 제출한 자가 신고포상금을 받을 수 있다. 위반행위를 한 사업자는 포상금을 받을 수 없으나, 임직원은 받을 수 있다. 내부 사정을 잘 아는 이들의 제보를 위함이다. 포상금은 신고·제보 행위를 법 위반행위로 의결한 날로부터 3개월 이내에 지급해야 한다.

알면 너무 유용한
금융정보
사이트 10개

　신혼부부 김똑똑 씨는 월급을 잘 관리 하고 싶은 마음에 여러 은행의 정기예금과 적금을 살펴보기로 하고 점심시간을 이용해 인근 은행 지점을 직접 방문하려고 했다. 하지만 직장 동료를 통해 금융소비자정보포털 '파인'을 알게 되고 그럴 필요가 없어졌다. '파인'사이트에서 '금융상품 한눈에' 코너에 들어가면 모든 은행의 정기예금과 적금의 금리 등 상품 내용을 한눈에 비교해서 볼 수 있었기 때문이다. 요즘 신혼부부는 대부분이 맞벌이다. 근무 중에 은행에 방문하지 않아도 자신이 가입한 금융상품을 한 눈에 살펴볼 수 있는 금융소비자정보포털 '파인' 등을 통해 편하게 재태크 쇼핑하자.

① 금융소비자정보 포털 '파인'

'파인'은 금융소비자를 위한 종합 포털사이트다. 금융감독원이 지난 9월 1일 서비스를 개시해 금융 생활에 필요한 모든 정보를 파인에서 검색·확인할 수 있다. 파인에선 '금융상품 한눈에', '통합연금포털', '보험다모아' 등 대부분의 금융정보 사이트를 한 번에 접속할 수 있고 일상 금융생활에서 알아두면 유익한 많은 정보를 얻을 수 있다.

② '금융상품 한눈에(금융상품통합비교공시)'

은행, 증권, 보험회사 등에서 판매하고 있는 다양한 금융상품을 쉽고 간편하게 비교할 수 있는 사이트다. 예금·적금, 대출, 연금저축, 보험, 펀드 등의 금리, 수익률, 보험료 등을 각 금융협회나 금융회사 홈페이지를 일일이 방문할 필요 없이 한 번에 비교할 수 있다.

③ '휴면계좌 통합조회(계좌정보통합관리서비스)'

은행, 보험사, 우체국, 미소금융중앙재단에 있는 본인 명의의 모든 휴면예금 및 휴면보험금 현황을 한 번에 조회할 수 있다. 개별 금융회사의 영업점을 일일이 방문하지 않고도 휴면 금융재산 현황을 온라인으로 한 번에 쉽게 조회할 수 있어 쓰지 않는 계좌를 정리하는 데 편리하다.

④ '보험다모아'

보험다모아는 소비자가 보험 상품을 쉽게 비교하고 선택할 수 있게 하려고, 지난해 11월 구축된 온라인 보험슈퍼마켓이다. 자동차보험, 저축성 보험, 실손의료보험 상품 등 소비자가 자주 찾는 보험 상품의 보험료, 보장내용 등을 한 눈에 비교하고 간편하게 가입할 수 있다.

⑤ '카드포인트 통합조회'

신용카드와 체크카드 사용자가 적립한 카드포인트를 한 번에 조회할 수 있는 사이트다. 보통 카드 사용 후 2~3일 내에 적립되는 포인트가 조회되고 사용하지 않은 잔여 포인트 및 소멸예정 포인트와 소멸시기를 알 수 있어 효율적인 포인트 관리가 가능하다.

⑥ '통합연금포털'

현재 가입한 국민연금, 사학연금, 퇴직연금, 연금저축(펀드, 신탁, 보험), 연금보험에 대해 앞으로 받게 될 연금의 수령시점, 연령별 예상연금액 등을 조회할 수 있다. 내 연금자산 수준에서 추가로 필요한 노후생활비를 산정해주는 '노후 재무설계' 서비스를 이용하면 본인이 기대하는 은퇴생활 수준에 맞는 여유자금 마련 또는 연금가입을 통해 노후를 체계적으로 준비할 수 있다.

⑦ '자동이체 통합관리서비스(페이인포)'

각종 보험료, 카드대금, 통신료 등의 자동이체 출금계좌를 다른 은행으로 쉽게 조회, 해지 및 변경할 수 있는 사이트다. 금리우대, 수수료 면제 등 고객에게 유리한 거래조건을 제시하고 서비스가 우수한 은행으로 자동이체 출금계좌를 쉽게 변경하거나 원치 않는 자동이체를 간편하게 해지할 수 있다.

⑧ '보험가입조회'

생명보험사 및 손해보험사에 가입한 전체 보험가입 내역을 일괄 조회할 수 있다. 보험계약의 계약자·피보험자로 가입된 경우 보험회사명, 상품명, 증권번호, 연락처, 계약관계, 계약기간, 계약 상태를 조회할 수 있고 보험협회 홈페이지에서 각 보험사 조회화면으로 연결하여 쉽게 세부 계약사항(보장내역, 면책조건 등) 등이 확인 가능하다.

⑨ '제도권 금융회사 조회'

거래하려는 금융회사가 금융관련법규에 따라 인가, 허가, 등록, 신고 등 적법한 절차를 거쳐 설립된 제도권 금융회사인지 불법 유사금융회사인지 여부를 쉽게 확인할 수 있다. 해당 금융회사 홈페이지, 연락처, 소재지, 허가업종 등 해당 금융회사와 관련된 정보가 제공된다. 불법 유사금융회사인 경우에는 유사금융회사의 위법행위를 사이트에서 곧바로 신고할 수 있다. 고수익을 보장한다면서 투자자를 모집하고 선량한 투자자의 투자자금을 가로채는 불법 유사수신업체와 제도권 금융회사 명칭을 불법으로 사용하는 사이비 금융회사를 가려내는 데 용이하다.

⑩ 신용, 보험정보 조회(크레딧포유)

개인의 대출정보, 연체정보, 카드발급·현금서비스 내역, 보험계약 정보를 실시간으로 조회할 수 있다. 지난 1월 출범한 한국신용정보원이 보유하고 있는 개인의 신용정보 등을 확인하고 잘못된 정보의 정정 청구도 할 수 있어 편리하다. 제공되는 정보는 금융거래 관련 연체, 부도 등 신용도 판단정보, 국세, 지방세, 관세 체납정보 등 공공정보, 금융기관 대출정보(금융회사명, 사유, 발생일, 금액 등), 신용카드 현금서비스 잔액, 신용카드·체크카드 발급내역, 보험계약 가입내역, 실손의료보험 가입내역 등이다.

08
불법채권추심
10대 유형과
대응요령

　신혼부부 김난감 씨는 불가피한 사정으로 신용카드의 대금을 연체했다. 처음에는 핸드폰으로 간단한 안내문자만 오다 요즘은 하루에도 10통이 넘는 추심전화에 시달려 직장생활에 큰 지장을 받고 있다. 얼마 후 정체불명의 채권추심인들이 집에 찾아와 행패까지 부렸다. 이런 상황에선 어떻게 해야 할까? 불법채권추심 10대 유형과 대응요령을 알아두어 억울한 피해를 보지 않도록 대비하자.

① 채권추심자의 신분을 밝히지 않는 추심

　채권추심업 종사자 등은 채무변제 촉구를 위하여 채무자를 방문하는 경우 종사원증(채권추심업에 종사함을 나타내는 증표)

을 제시해야 한다. 특히 대부계약에 따른 채권의 추심을 하는 자는 채무자 또는 그의 관계인에게 그 소속과 성명을 밝혀야 한다. 만일, 채권추심자의 신분을 밝히지 않고 추심행위를 한다면 불법채권추심에 해당한다.

② 무효이거나 존재하지 않는 채권의 추심

채권추심자가 무효이거나 존재하지 않는 채권을 추심하는 의사를 표시하는 행위는 불법채권추심행위에 해당한다. 사망한 채무자의 상속인이 상속포기를 한 사실을 알면서도 채무를 변제하라고 요구하는 행위, 채무자가 채무를 변제했다고 주장하면서 증거를 제시했음에도 불구하고 사실관계 확인 없이 추심을 지속하는 행위 등이 이에 해당한다. 또한 '채권추심업무 가이드라인'에서는 금융회사가 소멸시효가 완성된 대출채권을 추심하거나 채권추심회사에 위임하지 않도록 하고 있다. 또 금융회사는 채권양도 시 소멸시효 완성여부를 확인하고 '채권양도통지서'상에 소멸시효 완성여부를 명시해 소멸시효가 완성된 채권이 양도대상에 포함되지 않도록 하고 있다. 그러므로 오랫동안 연락을 받지 못한 채권은 소멸시효가 완성된 채권일 가능성이 있으므로, 이러한 채권에 대해 대부업자 등으로부터 추심이 있는 경우 소멸시효 완성여부를 먼저 확인하는 것이 좋다.

③ 반복적인 전화 또는 방문

정당한 사유 없이 반복적으로 전화, 문자메시지, 자택방문 등의 방법으로 공포심이나 불안감을 유발하여 사생활 또는 업무의 평온을 심하게 해치는 행위는 불법추심행위에 해당한다.

④ 야간(저녁 9시~ 아침 8시)의 전화 또는 방문

정당한 사유 없이 야간(저녁 9시~아침 8시)에 전화, 문자메시지, 자택방문 등의 방법으로 공포심이나 불안감을 유발하여 사생활 또는 업무의 평온을 심하게 해치는 행위는 불법추심행위이다.

⑤ 관계인 등 제삼자에게 채무사실을 고지

채권추심자가 채무자의 가족이나 회사동료 등 관계인에게 채무자의 채무 내용 또는 신용에 관한 사실을 알리는 것은 불법행위다.

⑥ 관계인 등 제삼자에게 채무변제를 요구

채무를 변제할 법률상 의무가 없는 채무자 외의 사람에게 채무자를 대신하여 채무를 변제할 것을 요구함으로써 공포심이나 불안감을 유발하여 사생활 또는 업무의 평온을 심하게 해치는 행위 역시 불법행위다.

⑦ 협박·공포심·불안감을 유발

채권추심자가 협박조의 내용으로 언성을 높이거나, 욕설 등 폭언을 하였다면 이는 불법채권추심에 해당될 수 있다.

⑧ 금전을 차용하여 채무 변제자금 마련 강요

채권추심자가 채무자 또는 관계인에게 금전의 차용이나 이와 유사한 방법으로 채무의 변제자금을 마련할 것을 강요함으로써 공포심이나 불안감을 유발하여 사생활 또는 업무의 평온을 심하게 해치는 행위는 불법채권추심행위에 해당한다.

⑨ 개인회생·파산자에게 추심

채권추심자는 개인회생채권에 대한 변제를 받거나 변제를 요구하는 일체의 행위가 중지 또는 금지되었음을 알면서 반복적으로 채무자에게 채무변제를 요구하는 행위를 할 수 없다. 또 채무자가 파산선고 및 면책결정을 받은 사실이 확인되었음에도 불구하고 채무자에게 채무의 변제를 요구하는 행위는 채권추심법상 금지돼 있다.

⑩ 법적 절차 진행사실의 거짓 안내

채권추심자가 채무자 또는 관계인에게 채권추심에 관한 민사상 또는 형사상 법적인 절차가 진행되고 있다고 거짓으로

표시하는 행위는 불법행위다. 또 법원, 검찰청 등 국가기관에 의한 행위로 오인할 수 있는 말·문자 등을 사용하는 행위도 법상 금지되어 있다.

지금까지 일반적인 불법 채권추심은 이러한 10가지 형태를 알아봤다. 이제 이러한 불법 채권추심에 대한 대응요령을 알아보도록 하겠다.

| 채권추심인 신분 확인 채권추심자가 신분을 밝히지 않거나 신분이 의심스러울 경우 신분을 확인할 수 있는 증표(사원증 또는 신용정보 업종사원증)를 제시하도록 요구할 수 있다. 만약 신분증을 제시하지 못하거나 사진 미부착·훼손 등 신원이 의심스러운 경우 소속회사나 관련 협회에 재직 여부 등을 확인하는 것이 바람직하다.

| 채무확인서 교부 요청 본인의 채무의 존재여부 및 금액에 대해 의구심이 드는 경우, 채권추심자에게 채무확인서 교부를 요청하여 채무금액과 채무의 상세내역을 확인할 수 있다. 채권추심자가 채무확인서를 제시하지 못할 경우 채권추심을 즉시 중단할 것을 요청할 수 있다. 또한 대출채권의 경우에는 채무확인서 교부를 통해 채무금액 및 채무의 상세내역과 함께 해당 채권의 소멸시효 완성 여부를 확인할 수 있다. '소멸

시효 완성' 사실이 확인된 경우, 채권자 등에게 소멸시효 완성사실을 주장(구두 또는 서면)하고, 채무상환을 거절할 수 있다. 채무자가 채무를 일부 변제하거나, 갚겠다는 각서 및 확인서 등을 작성해 준 경우, 해당일로부터 소멸시효기간이 재산정 될 수 있으므로 유의해야 한다. 법원으로부터 지급명령을 받은 경우에도, '소멸시효 완성' 사실이 확인되고 변제할 의사가 없다면, 지급명령을 받은 날로부터 2주 이내에 지급명령을 한 법원에 이의 신청을 해야 한다.

| 불법채권추심행위 고지 불법채권추심이라고 판단되는 경우, 추심인에게 불법채권추심행위에 해당할 수 있음을 고지하고, 소속회사의 감사담당자에게 연락하여 위반 여부에 대해 질의하고 필요한 조치를 취할 것을 요청하는 것이 바람직하다.

| 증거자료 확보 및 신고 필요 시 증거자료(휴대폰 녹취, 사진, 목격자 진술 등)를 사전에 확보해 금융감독원 콜센터(☎ 1332) 또는 관할경찰서에 신고하면 도움을 받을 수 있다.

| 형사처벌이 가능한 경우 수사기관에 고소 불법추심행위에 대한 형사처벌이 가능한 경우 위법한 추심행위로 피해를 입은 자는 수사기관에 직접 고소해 형사절차를 진행할 수 있다.

09

P2P대출상품 투자 시
꼭 알아야 할
금융 꿀팁 8가지

　예비 신랑 박결혼 씨는 결혼자금을 불리기 위해 투자처를 물색하다가 P2P상품이 수익률이 높다는 인터넷 기사를 보고 만기 6개월 상품에 투자했다. 하지만 시간이 지날수록 이자뿐만 아니라 원금도 지급되지 않고 있어서 결혼식 준비에 어려움을 맞게 되었다. 이처럼 은행 적금보다 높은 수익률을 달성할 수 있는 P2P대출상품에 대한 금융소비자들의 관심이 높아지고 있다. 하지만 전문가들은 익숙하지 않은 투자방법과 확실하지 않은 정보 등으로 인해 손해를 보는 소비자들도 덩달아 늘고 있다며 각별한 주의를 요구했다.

　이번에는 P2P대출상품에 투자할 때 꼭 알아야 할 '핵심 포인트' 8가지를 알아보자.

① 원금 손실 우려 있는 투자상품

먼저 P2P상품 투자는 원금 손실의 우려가 있는 투자상품이라는 점을 확실히 알아야 한다. P2P상품은 예금자 보호대상이 아니기에 기본적으로 차입자가 원리금을 상환하지 못할 경우 투자자가 손실을 볼 수 있다. 만일 100% 안전을 보장한다거나 원금이 보장된다고 주장하는 업체는 유사수신 행위업체일 가능성이 있기에 투자를 피하는 것이 바람직하다.

② 분산투자가 필수다

P2P상품은 일반적인 제도권 금융상품보다 리스크가 크기에 투자를 결정할 때 리스크에 신경 써야 한다. 현재 P2P대출 가이드라인은 P2P업체당 투자한도를 두고 있다. 1개의 P2P업체당 일반 개인은 100만 원이며, 일정 소득 요건을 갖추면 최대 4000만 원까지 가능하다. 투자자는 한도 내에서 투자하고, 여러 업체의 여러 상품에 분산투자하는 것이 리스크 관리에 효율적이다. 특히 고위험상품인 P2P상품은 은행 마이너스 통장 등 차입을 통해 투자하는 무위험 차익거래의 대상으로는 적합하지 않다. 특정업체에 집중투자하기보다 여러 업체에 분산투자 하는 게 필수적이라고 금감원은 강조한다.

③ 부동산 PF상품은 담보가치가 미약

부동산 PF상품의 경우 건축자금을 미리 대출해주는 계약에 투자하는 상품으로 투자단계에서는 담보물의 가치가 크지 않다. 하지만 부동산 경기가 하락할 경우에는 담보물의 예상 가치도 감소할 수 있다. 그렇기에 투자결정 시 담보권 정도, 선·후순위 여부, 건축물 대상지역 등을 확인하고 공사진행 상황을 홈페이지에 상세히 공시하는 업체인지 검토한 뒤 투자를 결정해야 한다.

④ P2P상품 이자소득세도 절세 가능

P2P상품에 투자하면 이자소득세(세율 27.5%) 절세가 가능하다. 투자 시 비영업대금 이자소득세율(27.5%)이 적용돼 은행 예·적금 이자소득세(15.4%)보다 높은 세율을 적용 받는다. 다만 세금 계산 시 '원 단위'는 절사를 하고 있어 100개 이상의 신용채권에 소액분산 투자하는 P2P상품의 경우 실효세율이 최고 16~17%까지 낮아질 수 있으므로 참고할 만하다.

⑤ P2P업체 평판을 확인해라

인터넷 카페 등의 커뮤니티 사이트를 통해 해당 P2P업체의 평판을 확인해보는 것도 좋은 전략이다. 현재 P2P업체는 금융관련법상 제도권 금융회사가 아니기에 금감원의 검사대상기관도 아니다. 처음 P2P상품에 접근하는 투자자는 성급하게 투자하기보다는 투자자모임 사이트 등을 통해 P2P업체의 연체발생사실, 투자후기, 상품자료 등을 검토해보고 투자여부를 결정할 필요가 있다. 현재 '크사모', '펀사모', '피자모', 'P2P 연구소' 등의 카페가 운영 중이라고 금감원은 전했다.

⑥ 과도한 선물을 주는 업체, 투자에 각별히 유의

과도한 리워드(선물) 제공 및 이벤트 업체는 투자에 각별히 유의해 볼 필요가 있다. 리워드는 주로 투자 고객에게 추가금리·상품권·숙박권 등 이자 외에 금전적 이익을 지급하는 보상책을 말한다. 최근 들어서는 해외여행, 비행기표, 경품 제공 이벤트도 늘어나고 있다. 이승행 P2P협회장은 "투자 시에 리워드 지급 규모보다는 업체에서 제시하는 상품에 대한 정보를 꼼꼼하게 살펴보고 신중히 투자 여부를 결정하는 것이 투자금 부실화 확률을 낮추는 방안"이라고 전했다.

⑦ 예치금 분리보관 시스템 도입 여부 확인하자

가이드라인의 예치금분리보관 시스템 도입 여부 등을 확인해야 한다. 쉽게 설명하면, 업체가 고객 예치금을 은행에 분리 보관하는 시스템을 적용하는지 살펴보아야 한다는 것이다. 만일 분리보관 시스템을 도입하지 않은 업체가 파산·해

산할 경우 예치금이 보호받지 못할 수 있다.

⑧ P2P금융협회 비회원사 투자는 각별히 유의

마지막으로 P2P금융협회 비회원사에 투자할 때는 각별히 조심해야 한다. 현재 P2P업체들은 'P2P금융협회'를 만들어 회원가입 심사, 자체 점검, 회원사 제명 등 자율 규제를 운영하고 있다. 가능한 회원사에 투자하는 게 보다 안전한 전략이다. 비회원사의 경우 자발적인 자율규제를 받지 않아 불투명하게 운영될 소지가 높다. 또 인력·자본 등이 영세하거나 홈페이지가 갑자기 폐쇄되는 경우도 있어 해당업체 상품에 투자할 때는 각별히 유의할 필요가 있다.

금감원이 알려주는 '보이스피싱 피해예방 10계명'

신혼부부 김소심 씨는 자칭 금감원 직원이라는 사람의 전화를 받았다. 그는 저금리로 정부지원자금을 받게 해준다며 김 씨에게 대부업체의 고금리 대출을 받도록 한 후 대출금 상환을 사기범이 확보한 대포통장으로 유도해 이를 편취했다. 이러한 피해를 방지하기 위해 금융감독원은 '보이스피싱 피해예방 10계명'을 공개했다. 이 내용만 숙지해도 충분히 보이스피싱을 예방할 수 있다고 금감원은 조언했다.

① 정부기관이라고 하면 일단 보이스피싱 의심

전화로 정부기관이라며 자금이체를 요구하면 일단 보이스피싱을 의심해야 한다. 검찰, 경찰, 금감원 등 정부기관은 어떠한 상황에서도 전화로 자금의 이체 또는 개인의 금융거래 정보를 요구하지 않는다. 정부기관을 사칭하거나 범죄에 연루됐다는 이유로 금융거래 정보를 요구하거나 안전조치 등을 명목으로 자금의 이체 등을 요구하는 경우 100% 보이스피싱이므로 이런 전화를 받는 경우 전화를 끊고 해당 기관의 대표 전화로 전화해 사실 여부를 반드시 확인한다.

② 전화·문자로 대출을 권유받는 경우

전화나 문자로 대출을 권유받는 경우 무대응 또는 금융회사 여부를 확인하며 전화 또는 문자를 통한 대출광고는 대출 빙자형 보이스피싱일 가능성이 높다. 이런 연락을 받은 경우 반드시 금융회사의 실제 존재여부를 우선 확인한다. 또 대출을 권유하는 자가 금융회사 직원인지 또는 정식 등록된 대출 모집인인지, 아닌지를 확인한다.

③ 대출 처리비용 등을 이유로 선입금 요구

대출 처리비용 등을 이유로 선입금 요구 시 보이스피싱을 의심한다. 정상적인 금융회사는 전산비용, 보증료, 저금리 전환 예치금, 선이자 등 어떠한 명목으로도 대출과 관련해 선입금하라고 요구하지 않는다.

④ 저금리 대출을 위한 고금리 대출 권유는 100% 보이스피싱

저금리 대출을 위한 고금리 대출 권유는 100% 보이스피싱으로 정상적인 금융회사는 이런 요구를 하지 않는다. 또 저금리 대출을 받기 위해서는 거래실적을 쌓아야 한다며 고금리 대출을 먼저 받으라고 하는 경우는 사기 가능성이 높다. 또한 대출금 상환 시 해당 금융회사의 계좌 여부를 반드시 확인한다.

⑤ 납치·협박 전화를 받는 경우

자녀가 다쳤다거나 납치됐다는 전화를 받았을 경우 침착하게 대처한다. 사기범의 요구대로 급하게 금전을 입금하기보다 먼저 준비해 둔 지인들의 연락처를 이용해 자녀의 안전 여부부터 확인한다.

⑥ 채용을 이유로 계좌 비밀번호 등 요구

채용을 이유로 계좌 비밀번호 등을 요구하면 보이스피싱을 의심한다. 정상적인 기업의 정식 채용절차는 급여계좌 개설 또는 보안 관련 출입증 등의 필요로 체크카드 및 금융거래정보를 절대 요구하지 않는다. 급여계좌 등록의 경우 취업한 후 이뤄지므로 본인 명의 계좌번호만 알려주면 된다.

⑦ 가족 등을 사칭한 금전 요구

가족 등을 사칭한 금전 요구 시 먼저 본인 확인이 필요하고 가족 및 지인 등이 메신저로 금전을 요구하는 경우 반드시 유선으로 한 번 더 본인임을 확인한다. 상대방이 통화할 수 없는 상황 등을 들어 본인 확인을 피하고자 하는 경우 직접 신분을 확인할 때까지는 금전 요구에 응하지 않는다.

⑧ 출처 불명 파일·이메일·문자는 바로 삭제

출처가 불분명한 파일을 다운받거나 의심스러운 인터넷 주소가 포함된 문자를 클릭하면 악성 코드에 감염돼 개인정보가 유출될 수 있다. 악성코드 감염은 금융거래 시 파밍 등을 일으키는 주요 원인으로 이런 파일이나 문자는 즉시 삭제한다.

⑨ 금감원 팝업창이 뜨고 금융거래정보 입력 요구

인터넷 포털사이트 접속 시, 보안관련 인증절차를 진행한다는 내용의 금감원 팝업창이 뜨며, 이를 클릭하면 보안승급을 이유로 계좌번호, 비밀번호, 보안카드번호 등 금융거래정보 입력을 요구하면 보이스피싱이니 절대 응해서는 안 된다.

⑩ 보이스피싱 피해발생 시 대처 요령

마지막으로 사기범에게 속아 자금을 이체한 경우, 사기범이 예금을 인출하지 못하도록 신속히 경찰 또는 해당 금융회사에 전화해 계좌에 대한 지급정지 조치를 하고 경찰서를 방문해 피해 신고를 한다. 이와 함께 금융회사에 피해금 환급을 신청한다. 이 경우 해당 계좌에 피해금이 인출되지 않고 남아있는 경우 피해금 환급제도에 따라 별도의 소송절차 없이 피해금을 되찾을 수 있다.

금감원 관계자는 "보이스피싱은 금융소비자의 삶을 공격하는 무서운 범죄"라며 앞서 소개된 10개의 꿀팁을 숙지하면 보이스피싱 범죄를 충분히 예방할 수 있다고 한다.

📖 북오션 부동산 재테크 도서 목록 📖

부동산 / 재테크 / 창업

장인석 지음 | 16,000원
312쪽 | 152×224mm

5년을 내다보는 부동산 전략50
탐나는 부동산 어디 없나요?

이 책은 현재의 내 자금 규모로, 어떤 위치의 부동산을 언제 살 것인가에 대한 탁월한 분석을 펼쳐보여 준다. 동시에 '어떻게' 그것을 가능하게 할 것인가의 방법론에 대한 신박한 제안을 하고 있다. 월세탈출, 전세탈출, 무주택자 탈출을 꿈꾸는, 꼬박꼬박 월세 받으며 여유로운 노후를 보내고 싶은 사람들을 위한 확실한 부동산 투자 지침서가 되기에 충분하다.

나창근 지음 | 15,000원
302쪽 | 152×224mm

나의 꿈,
꼬마빌딩 건물주 되기

'조물주 위에 건물주'라는 유행어가 있듯이 건물주는 누구나 한 번은 품어보는 달콤한 꿈이다. 자금이 없으면 건물주는 영원한 꿈일까? 저자는 현재와 미래의 부동산 흐름을 읽을 줄 아는 안목과 자기 자금력에 맞춤한 전략, 꼬마빌딩을 관리할 줄 아는 노하우만 있으면 부족한 자금을 충분히 상쇄할 수 있다고 주장한다. 또한 액수별 투자전략과 빌딩 관리 노하우 그리고 건물주가 알아야 할 부동산지식을 알기 쉽게 설명한다.

박갑현 지음 | 14,500원
264쪽 | 152×224mm

월급쟁이들은 경매가 답이다
1,000만 원으로 시작해서 연금처럼 월급받는 투자 노하우

경매에 처음 도전하는 직장인의 눈높이에서 부동산 경매의 모든 것을 알기 쉽게 풀어낸다. 일상생활에서 부동산에 대한 감각을 기를 수 있는 방법에서부터 경매용어와 절차를 이해하기 쉽게 설명하며 각 과정에서 꼭 알아야할 중요사항들을 살펴본다. 경매 종목 또한 주택, 업무용 부동산, 상가로 분류하여 각 종목별 장단점, '주택임대차보호법' 등 경매와 관련되어 파악하고 있어야 할 사항들도 꼼꼼하게 짚어준다.

나창근 지음 | 15,000원
296쪽 | 152×224mm

꼬박꼬박 월세 나오는
수익형부동산 50가지 투자비법

현재 (주)리치디엔씨 이사, (주)머니부동산연구소 대표 이사로 재직하면서 [부동산TV], [MBN], [한국경제TV], [KBS] 등 방송에서 알기 쉬운 눈높이 설명으로 호평을 받은 저자는 부동산 트렌드의 변화와 흐름을 짚어주며 수익형 부동산의 종류별 특성과 투자노하우를 소개한다. 여유자금이 부족한 투자자도, 수익형 부동산이 처음인 초보투자자도 확실한 목표를 설정하고 전략적으로 투자할 수있는 혜안을 얻을 수 있을 것이다.

고야마 노보루 지음 |
윤지나 옮김 | 14,000원
232쪽 | 128×187mm

야근 없는 회사가 정답이다
실제 일본 32개 업체 사례로 본 유쾌한 야근 퇴치방법!

야근왕국 대한민국에는 정시출퇴근, '워크라이프밸런스', '저녁이 있는 삶'은 아직 꿈이든가 남의 일 같다. 그런데 사장과 상사들이 나서서 야근을 못하게 하느라 눈에 쌍심지를 돋운다면? 저자가 사장을 맡고 있는 일본 무사시노사와 32개사에서 사례로 든 '야근 제로'를 실현하기 위해 시도된 다양한 방법들, 그리고 야근 단축이 가져온 놀라운 성과는 우리에게 많은 시사점을 던져준다.

북오션의 주식·금융 투자부문의 도서에서 독자들은 주식투자 입문부터 실전 전문투자, 암호화폐 등 최신의 투자흐름까지 폭넓게 선택할 수 있습니다.

박대호 지음 | 20,000원
200쪽 | 170×224mm

고양이도 쉽게 할 수 있는
가상화폐 실전매매 차트기술

이 책은 저자의 전작인 《암호화폐 실전투자 바이블》을 더욱 심화시킨, 중급 이상의 투자자들을 위한 본격적인 차트분석서이다. 가상화폐의 차트의 특성을 면밀히 분석하고 독창적으로 체계화해서 투자자에게 높은 수익률을 제공했던 이론들이 고스란히 수록되어 있다. 이 책으로 가상화폐 투자자들은 '코인판에 맞는' 진정한 차트분석의 실제를 만나 볼 수 있다.

박대호 지음 | 20,000원
200쪽 | 170×224mm

개념부터 차트분석까지
암호화폐 실전투자 바이블

고수익을 올리기 위한 정보취합 및 분석, 차트분석과 거래전략을 체계적으로 설명해준다. 투자자 사이에서 족집게 과외·강연으로 유명한 저자의 독창적인 차트분석과 다양한 실전사례가 성공투자의 길을 안내한다. 단타투자자는 물론 중·장기투자자에게도 나침반과 같은 책이다. 실전투자 기법에 목말라 하던 독자들에게 유용할 것이다.

조한준 지음 | 20,000원
192쪽 | 170×224mm

ICO부터 장기투자까지
가상화폐 가치투자의 정석

이 책은 가상화폐가 기반하고 있는 블록체인 기술에 대한 이해를 기본으로 하여 가상화폐를 둘러싼 여러 질문들과 가상화폐의 역사와 전망을 일목요연하게 다뤄준다. 예제를 통해서 가치투자는 어떻게 해야 하는지를 알려주고, 대형주, 소형주 위주의 투자와 ICO투자의 유형으로 나누어 집중적으로 분석해준다. 부록의 체크리스트도 가치투자에 활용해 볼 수 있다.

최기운 지음 | 18,000원
424쪽 | 172×245mm

10만원으로 시작하는
주식투자

4차산업혁명 시대를 선도하는 기업의 주식은 어떤 것들이 있을까? 이제 이 책을 통해 초보투자자들은 기본적이고 다양한 기술적 분석을 익히고 그것을 바탕으로 향후 성장 유망한 기업에 투자할 수 있는 밝은 눈을 가진 성공한 가치투자자가 될 수 있다. 조금 더 지름길로 가고 싶다면 저자가 친절하게 가이드 해준 몇몇 기업을 눈여겨보아도 좋다.

곽호열 지음 | 20,000원
260쪽 | 172×235mm

초보자를 실전 고수로 만드는
주가차트 완전정복 전면개정판

이 책은 주식 전문 블로그 〈달공이의 주식투자 노하우〉의 운영자 곽호열이 예리한 분석력과 세심한 코치로 입문하는 사람은 물론 중급자들이 놓치기 쉬운 기술적 분석을 다양하게 선보인다. 상승이 예상되는 관심 종목 분석과 차트를 통한 매수·매도타이밍 포착, 수익과 손실에 따른 리스크 관리 및 대응방법 등 주식시장에서 이기는 노하우와 차트기술에 대해 안내한다.